Elogios

Desde el corazón de u

Uno de los desafíos más importantes para estos tiempos es la maternidad, ya que a medida que avanza el mundo, cambian los valores, redefinen la familia de manera distorsionada y se denigra cada vez más la figura de la mujer. ¿Por qué pienso esto? Porque una mujer que va perdiendo su valor o dignidad se convierte a través del tiempo en una madre enferma, herida y perdida. Es más, carece de recursos emocionales al tratar de levantar hijos seguros y sanos en lo emocional.

Sin duda, la vida de Dayna Monteagudo me motiva a leer este nuevo libro que de seguro da estrategias, guía y consejos que, a través de la Palabra, nos muestran el camino hacia una buena y saludable maternidad. Además, cuando observas su hogar y la vida de sus hijos, estoy segura de que tiene mucho que aportar a la vida de cada mujer que es mamá o desea serlo.

Dayna Monteagudo es una mujer con principios cristianos, con un testimonio de vida que inspira mi vida y gana mi respeto y admiración.

Las personas que me conocen saben cómo me expreso cuando algo me encanta. Por lo tanto, deseo decirles a todas las mujeres que recomiendo en gran medida el libro *Desde el corazón de una madre*.

Pastora Bethliza Cintrón
Iglesia Casa de Pan
Orlando, Florida

Desde el corazón de una madre capta el ideal que toda mujer concibe en su mente: ser la madre excelente, de amor incondicional y un corazón abnegado. Sin embargo, en muchas ocasiones, estas cualidades se ponen a prueba por las experiencias cotidianas de la maternidad que, si bien son hermosas, no dejan de ser desafiantes.

No les hablo como una madre biológica, sino como una *madre de corazón*. Con esto, quiero decirles que este libro te reta a conquistar a quien a diario ves al espejo, a fin de que puedas regalarles a tus hijos la sanidad que has recibido, la verdad de Dios que has creído y el amor incondicional que has vivido con Él. Sin importar que seamos madres biológicas o de corazón, tenemos una gran encomienda: llevar a cabo con excelencia la tarea que nos encomendó Dios.

Amada madre, estoy segura de que este hermoso libro impactará tu vida y la vida de tus hijos. ¡Mi oración a Dios es que luego de esta lectura tu vida jamás sea igual!

Dra. Dórily Esquilín
Autora de *Sonríele a la vida a través de la neblina*
DeLand, Florida

Desde el corazón de una madre, escrito por la amiga que todos queremos tener, brinda el consejo sabio que necesitamos todas las mamás. Este libro contiene grandes dosis de sabiduría en frascos pequeños, perfumados de amor y ternura. Los consejos que vas a recibir vienen de un corazón sensible, humano y sincero. Creo que una de las cosas que más disfruté de leer este libro fue encontrar tantos tesoros de sabiduría expuestos con gracia a través de testimonios personales.

Cada capítulo toca tu fibra íntima de mamá, accede a tus puntos vulnerables y te levanta en sonrisas ante la manera jocosa de expresar las ideas que distinguen a la autora Dayna Monteagudo. Yo me identifiqué con su hija, bailando por la casa, pintura por todas partes, estudiando con ruido... Te encantará ver las pinceladas de color en cada enseñanza y te inspirará a disfrutar las diferencias con tus seres amados. Al leerlo, te imaginarás estar tomándote el café con una amiga y ejercitando tu corazón para una maternidad maravillosa. Gracias, Dayna, por poner tu sabiduría y tu corazón en estas páginas.

Elsa iLardo
Autora de *Mi tabla de salvación*
Deltona, Florida

Toda mujer se enfrenta a la maternidad y la sobrelleva a diario por puro instinto. Sin embargo, hay una manera para hacer que esa maternidad sea mejor cada día y que nuestros hijos puedan disfrutar de la mejor versión de mamá. ¿Cómo esto es posible?

Cuando una madre se ama a sí misma, buscará la excelencia en todos los aspectos de su vida. Como bien establece la autora, Dayna Monteagudo, en este libro el amor propio es clave para que el corazón de una madre esté sano. Ese corazón estará bien cuidado si descansa en las manos de Dios. Él es la fuente de amor, porque Él es amor. *Desde el corazón de una* madre es un compendio de hermosas reflexiones que alinearán tu corazón hacia la sanidad y el disfrute de este papel tan maravilloso. Si eres madre, disfruta cada etapa junto a tus hijos, ellos llegaron para hacerte mejor. Nuestros hijos son maestros, así que sé humilde y acoge las enseñanzas que vinieron a darte.

Amneris Meléndez
Autora de los libros *De reina a princesa* y *Los hijos...*
¡Grandes maestros!

Si eres madre, o piensas serlo, necesitas leer con urgencia este libro. Dayna Monteagudo expresa, desde su corazón, increíbles reflexiones que te ayudarán a convertirte en una mejor madre. No solo hablará a tu corazón, sino que transformará tu alma. Fui madre por primera vez cuando tenía dieciséis años y madre por segunda vez a los dieciocho años. En esa época, me hubiera encantado poder tener un ejemplar del libro *Desde el corazón de una madre*.

En este libro encontrarás sabiduría del cielo, palabras que Dios ha tejido en el corazón de Dayna y que ella te las expresa a fin de que aprendas a ser una mejor madre conforme a la Palabra de Dios. No lo pienses mucho y date la oportunidad de leer *Desde el corazón de una madre*. ¡Es el mejor regalo que puedes hacerte a ti y a tus hijos!

Sarinette Caraballo Pacheco
Autora de *Dios en las Redes Sociales*
Productora y presentadora de *Dios en las Redes Sociales*
para CVCLAVOZ

Leer siempre líneas acerca de la vida de las mamás es muy alentador para las que ocupamos muchas horas «en patines» cuando los niños van creciendo. A esto le llamo la intensidad de ser mamá, lo cual viene acompañado de aventuras sin fin, sonrisas y retos, pero siempre con alegría para la ruta de la vida.

Gracias, Dayna, por rescatarnos de esos días ajetreados en los que pensamos que solo existe la faceta de ser mamá. Con tus palabras nos impulsas a cuidar la plataforma de la vida sobre la cual cada una de nosotras se va transformando en una mujer auténtica. Sobre todo, con un loable papel de ser mamá y una buena administración de cada escenario que nos regala la vida misma.

¡Te abrazo!

Sonia E. Navarro
Autora de *Matices de Mujer*

DAYNA MONTEAGUDO

DESDE EL

corazón
DE UNA
MADRE

Unilit
PUBLICAMOS PARA CAMBIAR VIDAS

Publicado por
Unilit
Medley, FL 33166

Derechos de autor © 2022, 2020 Dayna Monteagudo

Edición: *Laura Pérez*
Diseño de cubierta e interior: *produccioneditorial.com*

Producto: 495959
ISBN: 0-7899-2613-X / 978-0-7899-2613-5

Categoría: *Vida cristiana / Vida práctica / Mujeres*
Category: *Christian Living / Practical Life / Women*

Impreso en Colombia
Printed in Colombia

DEDICATORIA

A mis hijos, mis maestros de vida. Ambos son un regalo y un privilegio que me ofrece Dios de ser su madre. Gracias, Natanael y Dayna Eliz, por ser unos hijos tan especiales. Gracias por vivir conmigo esta aventura de madre caóticamente hermosa. Mi oración es que estas palabras de reflexión también sean de bendición para ustedes, que algún día serán padres.

A las madres que se esfuerzan todos los días en convertirse en la mejor versión de sí mismas.

A mi mamita querida, quien cada día se esfuerza por estar presente en mi vida.

Contenido

Agradecimientos. 1

Prólogo. 3

Introducción 7

1. Una madre funcional y saludable. 11

2. Eres mucho más. 17

3. Cuando no entiendas la maternidad. 23

4. ¿Dónde está el manual de instrucciones? 29

5. Ámate 35

6. No son tuyos 41

7. Son diferentes y se les ama por igual 47

8. No compares a tus hijos con nadie. 52

9. ¿Madre o amiga? 57

10. Madre por adopción 62

11. Sé un modelo. 69

12. El club de las malas madres 77

13. Madre de valor. 82

14. Firmeza sabia. 86

15. En equipo y equipados. 90

16. El valor de los detalles 94

17. Ora 99

18. Calma, confianza y fe. 103

19. Polifacética, pero con orden. 108

20. Anticipa y prepárate. 113

21. Amiga de sus amigos 117
22. Una mamá creativa 121
23. Contrólate, amiga 125
24. La que ama, disciplina 129
25. Más que decir gracias 133
26. Disfruta que el tiempo vuela 137
27. Vístelos con «ropas dobles» 141
28. Tómate un descanso 148
29. Mamá estratega 156
30. Maestras de la vida 161
31. Hazlo con amor 166
32. Eres mamá y eres bella 172
33. Familia es familia 177
34. Hazlo simple 184
35. Preservadora de propósitos 189
36. El poder del perdón 195
37. Pasos de fe 200
38. Querida adolescencia 203
39. Conversaciones con mi hijo 212
40. Conversaciones con mi hija 217

Conclusión: *Desde el corazón de una madre* 223
Notas 229
Acerca de la Autora 231

Agradecimientos

A ti, lectora, gracias por invertir en tu vida y dedicar tiempo para leer estas reflexiones que vienen desde el corazón de una madre amiga. Ninguna madre es perfecta ni mejor que otra. Todas somos especiales y nuestro trabajo tiene un valor incalculable.

Gracias a ti, madre, que te levantas todos los días a dar lo mejor de ti. Tú eres la madre perfecta para tu hijo; nadie podrá hacerlo como tú lo harás con la ayuda de Dios.

A ti, madre, que has decidido encomendarles tu vida a niños que te llegaron por decisión. Gracias a cada una de ustedes que son de bendición para otros.

Gracias, mamita querida, pues tu maternidad protectora siempre ha estado presente en mi vida.

Gracias a mi amado esposo, por ser mi compañero durante esta vida de padres en estos pasados veintitrés años.

Gracias a mis amigas por ser madres perfectas para sus hijos. Valoro y reconozco su esfuerzo diario.

Prólogo

Cuando miro a mi hijo, puedo ver la fidelidad de Dios. El Eterno no miente, llega a tiempo y de una manera perfecta. La memoria más cautivante que tengo de mi vida es el instante oportuno en el que nuestras miradas se encontraron por primera vez. El mundo se detuvo a nuestro alrededor y solo existíamos él y yo. Ese día, su manita se entrelazó con la mía e hice un pacto de protección. ¡Estoy tan agradecida de que me haya escogido para ser su mamá!

Nuestra gran responsabilidad es mostrar el amor de Jesús y ponerlo en acción es practicar obras concretas. En el transcurso de mi vida, el Señor me ha desafiado muchas veces a fin de reflejar su amor. De seguro que la experiencia más gratificante la he tenido junto a mi esposo al convertirnos en padres del corazón. Ser padres adoptivos ha sido una vivencia poderosa que abrió nuestros ojos para recorrer un camino de amor extremadamente puro, único, especial y profundo. Lo hicimos con la intención de bendecir, pero como suele pasar con los asuntos del amor, los más bendecidos hemos sido nosotros.

La maternidad ha sido una aventura fascinante. Desde que conocí a mi hijo, me he vuelto loca de amor y he descubierto fortalezas en mi carácter que no sabía que tenía. He aprendido, como nunca, lo maravilloso que es liberarme del guion humano y descansar por completo en la providencia de Dios.

Admito que en algún momento tuve unas expectativas de la maternidad que no fueron realistas. El día en el que mi hijo armó por primera vez un berrinche en una tienda, me sentí muy avergonzada. Cuando había observado ese tipo de escenas antes de ser madre, me había prometido que algo así nunca me ocurriría a mí. Estaba confiada en el conocimiento adquirido a través de mis estudios doctorales en conducta humana. ¡Puede haber un abismo entre la teoría y la práctica!

Mi hijo tiene un corazón muy hermoso y también es un niño normal. Por eso he estado expuesta a distintas situaciones que jamás pensé que iba a experimentar. He cometido errores. Más de una vez, he tenido que pedirle perdón a mi hijo por tener una reacción distinta a la que dice el libro de psicología. La maternidad es un proceso de aprendizaje continuo.

Desde el corazón de una madre es un libro que cala hondo en lo que son las gratificaciones y los retos de la maternidad desde una perspectiva esperanzadora y realista. Como una mamá con la intención de hacer lo mejor posible para mi hijo, y como consejera clínica de familias, me alegra en gran medida que Dayna Monteagudo haya tenido la sensibilidad y la valentía de escribir este eficaz libro.

Las páginas que tienes en tus manos son una guía que te llevarán a la autoevaluación y te darán tranquilidad en los momentos difíciles. Sus palabras te traerán alivio en el presente y luz en el futuro. Comprenderás, en profundidad, que hay cosas que has estado sufriendo y que son perfectamente normales. Tus frustraciones son normales. Tus temores son normales. Tus luchas son normales. Tus ansiedades son normales. Tus preocupaciones son normales. Descubrirás que no eres la única, que no estás tan sola como a veces puedes pensar.

Dayna se sienta a tu lado como una amiga, te habla con voz dulce y, de vez en cuando, te da un abrazo reparador. Además, te alienta con una poderosa verdad: gastamos mucho esfuerzo, tiempo y energía en el espejismo de una madre perfecta que no existe. Al mismo tiempo nos desafía a ser cada vez la mejor versión de nosotras como madres, pues con esto marcamos a toda una generación.

No es la primera vez, y confío en que no será la última, que Dayna nos proporciona por escrito recursos para la vida práctica con sencillez, autenticidad y transparencia. Cada lección en este libro es un precioso tesoro. Sospecho que se convertirá en una brújula para muchas madres, dándoles dirección ante la incertidumbre. Serán guiadas a mirar la fuente principal de nuestra esperanza con la convicción de que las oraciones de las mamás son de las más escuchadas en el Cielo, y que las que se hacen con lágrimas se convierten en agua de riego que genera una cosecha extraordinaria en sus hijos.

La autora, con una pericia admirable por su trasfondo como educadora y *coach*, brinda consejos impregnados de amor, sabiduría, humor y fe, a partir de sus experiencias personales. Tuve la sensación de que la acompañaba en sus vivencias y me maravilló leer tantas que se parecen a las mías.

Este libro lo debe leer toda mamá que se ha sentido en algún momento desmotivada, ansiosa, culpable o frustrada. Entiendo que es eficaz como un manual práctico para estudiarse de forma individual o dentro de experiencias de discusión en grupos pequeños.

La mayoría de las mujeres estamos bien ocupadas y nos movemos dentro de una gran gama de ejecución de papeles. Por eso te felicito que sacaras una porción de tu valioso tiempo para adentrarte en estas páginas que te llevarán a recordar momentos magníficos, a sentir alivio, a reír, a llorar, pero sobre todo, a mirar el futuro con optimismo.

Desde el corazón de una madre es mucho más que un título. Es una promesa que Dayna nos hace de que todo lo que está revelado en estas páginas sale de lo más profundo de su ser. Te hablará desde los pasillos más recónditos de su interior y el corazón de Dios también te hablará.

¡Será un viaje apasionante!

Te amo y te bendigo siempre,

Dra. Lis Millán
Consejera profesional
Conferenciante internacional
Autora de superventas

Introducción

Antes que todo, te pregunto: «¿Será imposible para una mujer conseguir un empleo, estudiar una carrera universitaria, planificar una boda, adquirir un auto, estar embarazada por cuarenta semanas, entre otras cosas? Lo cierto es que la historia de la escuela de la vida nos demuestra que no. Entonces, ¿cuáles serán los desafíos de la madre de hoy? Me gustaría hablarte de uno de los que más se acentúan en nosotras las mujeres.

El desafío es diario. Impacta a toda mujer, sin importar edad, ingresos, escolaridad, estado civil o religión. Nosotras no tenemos problemas en ayudar a nuestra familia, amigas, compañeras de trabajo, ni siquiera a una desconocida. Sin embargo, amiga mía, qué difícil se nos hace creer en nosotras, darnos una palmadita en la espalda y decir: «¡Qué bien lo hiciste!». ¡Con cuánta facilidad laceramos nuestra autoestima!

Algunas, ya sea en un proceso consciente o inconsciente, tenemos la tendencia a complacer a todo el mundo y a intentar ser perfectas. Aun así, quiero decirte algo: A la luz de las expectativas de otras personas, no existen madres perfectas. Solo eres la madre perfecta para tu hijo.

¿Cómo te sientes contigo misma? ¿Qué valor le das a la imagen que tienes de ti? ¿Cuáles son las opiniones y los sentimientos que tienes sobre tu persona? Estas son algunas de las preguntas que nos hacemos para definir la autoestima. Se trata del autorretrato que va más allá de los rasgos físicos. Incluso, es la suma de las características que describen cómo nos sentimos con relación a nosotras mismas, nuestra propia estimación.

Nuestro nivel de autoestima se fundamenta en las experiencias interpersonales únicas que cada una de nosotras ha tenido durante toda la vida. Tu autoestima se afecta cuando no te conoces, cuando quieres definirte por conceptos que tienen otros de ti, cuando posees expectativas no razonables, no valoras tus cualidades positivas, no tienes confianza en ti misma, entre otros problemas que les dificultan a las mujeres mantener una autoestima saludable.

No sé si tu hijo alguna vez te expresó algo que el mío me dijo a los cuatro años de edad, pues no le compré lo que quería: «Mamá, tú eres fea». En otro momento de mi vida hubiera llorado por una semana. En cambio, entendiendo que es un niño y que estaba molesto porque no le compré lo que quería, solo lo abracé y sonreí. Su reacción inmediata fue decir: «Perdón, mamá, tú eres linda». Pues ya sabes... entonces sí lloré.

Sí, nosotras somos multifacéticas. Logramos hablar por teléfono y no nos perdemos en una dirección (algunas de nosotras). Cocinamos y ponemos una máquina a lavar al mismo tiempo. En fin, hacemos varias cosas a la vez. Sin embargo, ¿por qué cuando una persona nos hace un comentario negativo lo aceptamos con tanta facilidad? ¿Por qué cuando el patrono no reconoce nuestro trabajo queremos renunciar? ¿Por qué cuando nuestro esposo no dice que nos ama, de inmediato pensamos en lo negativo?

Nuestro mayor reto es y será siempre levantar nuestra autoestima. En nuestro papel de madre es necesario tener claro que una mujer sin autoestima saludable va camino a la amargura. Por eso inicié esta serie acerca de las madres hablando de la autoestima, pues la valoración que tengas de ti debido a que el concepto que tengas de ti se proyectará a tus hijos, quienes aprenderán cómo tú lidias con tus emociones, palabras y actitudes.

Alimentar la autoestima comienza con reconocer que es necesario aceptarnos como somos, tener pensamientos positivos y leer. ¿Por qué leer? Porque la lectura nos da conocimiento que produce en nosotras la fuerza necesaria para avanzar. Siendo así, al igual que todos los demás retos que afrontamos en la vida, hagámoslo también con el desánimo y la baja autoestima. ¿Cuántas veces hemos escuchado la expresión de que «este bebé llegó sin un manual de instrucciones»? Para tu información, quiero decirte que sí tenemos un manual llamado la Palabra de Dios, la Biblia. La Palabra de Dios nos da instrucciones acerca de cómo debemos lidiar con todos los retos que enfrentamos, pero tenemos que disponernos a leerla con prontitud.

Desde el corazón de una madre, quiero expresarte y mostrarte enseñanzas de vida en oportunidades que hoy son una bendición y parte de mi desarrollo integral. Comienzo por recomendarte algunas cositas que debemos poner en práctica, a fin de lograr ser madres que no son perfectas, pero sí saludables. Antes que todo, comencemos con el concepto que Dios tiene de nosotras para restaurar nuestra relación con la Paternidad de Dios y...

- Reafirma tu identidad cultivando una autoestima saludable al amarte, y al aceptar tu personalidad, cuerpo e individualidad.
- Sé amorosa y paciente no solo con los demás... sino, chica, ¡contigo también!
- Pon empeño en superar el pasado y ciérralo de una vez; disfruta tu presente.
- Busca con carácter de urgencia un momento para estar contigo a solas, a fin de meditar, reconocer tus fortalezas y logros.
- Desarrolla el sentido del humor; no dejes de sonreír.
- Cuida tu salud; trata de disciplinarte a la hora de comer y hacer ejercicios.

Sí, ya te oigo: «¿Por qué siempre dicen lo mismo?». Bueno, la razón es que una manera de demostrar que te amas es cuidándote de manera emocional, espiritual, mental y física. Así que, ¡manos a la obra! Proponte ser una madre saludable y feliz en todos los sentidos, ¡amándote a ti misma!

Capítulo 1

UNA MADRE FUNCIONAL Y SALUDABLE

«Estas cosas os escribimos,
para que vuestro gozo sea cumplido».

1 Juan 1:4, RVR60

Como en la mayoría de la cosas en la vida, recorremos estaciones, etapas y procesos, y la maternidad es parte de ese desarrollo. No solo crecen nuestros hijos, nosotras también crecemos con ellos. Sin embargo, la pregunta que nos hacemos la mayoría de las madres es: «¿Cómo puedo ser una madre funcional y saludable?».

En primer lugar, tienes que ser consiente que no hay madre perfecta y que ninguna es como tú. Además, eres tan grande como tu mente lo pueda creer. En muchas ocasiones responsabilizamos a otras personas o circunstancias por la manera en que pensamos de nosotras mismas, hasta que llega el momento en que Dios nos afirma. Él te creó como la persona adecuada en el momento apropiado, y debes disfrutarlo.

En el Evangelio de Juan, el Señor declara: «Yo he venido para que tengan vida, y la tengan en abundancia» (Juan 10:10). También el propio apóstol, en su primera carta a los creyentes, expresa: «Estas cosas os escribimos, para que vuestro gozo sea cumplido» (1 Juan 1:4, RVR60). Incluso el salmista proclama:

11

Esto significa que Dios quiere que disfrutemos la vida que Jesús nos concedió con su muerte en la cruz. Es más, Dios quiere que tengamos gozo como madres. Así lo dice su Palabras al expresar que la mujer «se goza en ser madre de hijos» (Salmo 113:9, RVR60). No obstante, si soy bien sincera contigo, te diré que tuve días en los que no experimentaba nada de gozo. Me sentía triste, frustrada y fracasada por completo. Amaba a mis hijos y consideraba ser su madre como uno de los placeres más hermosos que me ha regalado Dios. A la vez, perdía la alegría buscando el perfeccionismo, autocriticándome y comparando mi vida con las de otras personas. Entonces, un día acudí a estos versículos bíblicos y afirmé mi corazón diciéndome lo que te declaro hoy: «Dios quiere que seas feliz y disfrutes al máximo la hermosa experiencia de la maternidad».

¿QUÉ HACER?

Debes entender que tu mejor relación y prioridad es tu familia, y que todos son hijos de Dios y, como tales, debemos hablarles, tratarlos y escucharlos. Aquí tienes varias cosas que te serán útiles a la hora de establecer cambios pertinentes en tu vida:

- Elige tus batallas y enfócate en las cosas que puedes cambiar y son pertinentes a la salud emocional de tu familia.
- Establece fechas para resolver las cosas que te incomodan y atiéndelas en su turno, pero no dejes que las situaciones del pasado se adueñen de tu presente.
- Cuida tu salud espiritual, mental, emocional y física. Tu cuidado personal será solo tu responsabilidad.
- Tus hijos son una bendición envuelta en un regalo para ti. Sin embargo, ellos no son los responsables, y nadie lo será, de cuidar tu salud espiritual.

- La búsqueda constante en oración y la lectura bíblica serán tu oasis en medio de momentos difíciles.
- Déjate de excusas y de culpar a otros por no tener tiempo. La única persona dueña de tus decisiones y de tu tiempo eres tú.
- No quieras aislarte de la familia, de los amigos ni de tu comunidad de fe, pues esto no es saludable.
- Una buena conversación con una amiga será siempre terapéutica y medicinal. Créeme, no te hace mala madre salir con tus amigas y dejar a los niños encargados, mientras haces algo tan sencillo como un encuentro de una hora en un lugar de comida.
- Busca tiempo para ti y, si es necesario, enciérrate en tu cuarto para ver televisión o terminar de leer este libro.
- Como parte de tu presupuesto, decide invertir en ti para comprarte algo, tomar un taller o participar de una conferencia para tu crecimiento personal.
- Recuerda que siempre nos encontraremos con momentos en los que debemos aumentar nuestra autoestima para establecer una adecuada actitud de confianza mental.
- Sé una persona bondadosa contigo y no te compares con los demás.
- Despréndete de las dudas sobre ti misma. No hay nadie como tú y eres la madre perfecta para tus hijos.
- De vez en cuando, desafíate a hacer algo que esté fuera de tu zona de conformismo habitual.

Ahora bien, plantea tus aspiraciones como es debido. Por ejemplo, no es lo mismo que pienses que necesitas bajar de peso, a pensar que te sientes bien contigo misma, pero que reconoces que debes hacerlo por el bien de tu salud. Por otra parte, no es lo mismo pensar que necesitas tener mucha vida social, a pensar en tener vínculos de calidad para momentos intencionales de la vida. Tampoco es lo mismo pensar que serás una madre exitosa cuando tus hijos logren tal o más cual cosa, a pensar que te sientes feliz y plena con tu maternidad en este momento.

A fin de mejorar en determinados aspectos, debemos buscar ayuda en la lectura de libros, la oración, las conferencias o, de ser necesario, en la ayuda profesional. Esto no nos resta como persona, sino que nos ayuda en nuestra salud emocional y mental. Por lo tanto, sé sincera contigo misma. El poder de Dios se ejerce cuando tomamos la decisión de tener los pensamientos y las actitudes adecuadas.

Así que, amiga, eres madre todos los días y a cada momento. Entonces, cuando estés sola, cuida tus pensamientos. Cuando estés con tus amigas, cuida tus conversaciones. Cuando estés enojada, cuida tu temperamento. Cuando estés en un grupo o frente a tus hijos, cuida tu comportamiento. Cuando estés en un problema, cuida tus emociones.

LA IMPORTANCIA DE LO QUE NOS DECIMOS

La mayoría de las mujeres conversamos con nosotras mismas. A veces, hasta creemos que estamos perdiendo la razón lógica, pero lo cierto es que el ser humano conversa consigo mismo todo el tiempo. La conversación interna dirige su proceso de decisión que, a su vez, recibe la influencia de su proceso de formación. Es decir, en muchos casos somos el resultado de nuestro diálogo interior. Ese diálogo es nuestro consejero y guía. Por lo tanto, las actitudes son las manifestaciones visibles de este.

Alguien dijo: «Mi "yo" puede ser mi peor enemigo o mi mejor amigo», y es cierto. Por eso es importante cultivar el desarrollo espiritual, a fin de alinear ese diálogo con principios cristianos que nos fortalezcan y conduzcan como es debido a una buena conducta, aunque eso represente dolor interno. El aprendizaje es un proceso de sufrimiento que comienza con una crisis, el cual comienza con una crisis. En medio de la crisis es cuando se rompe la estabilidad.

Tu mente cree todo lo que dices. Por eso, háblale de fe. Háblale de la mujer creada por Dios con propósito. Tu nombre es hija y tu valor amada por la eternidad por tu Padre celestial. Entonces, cuando le hables a tu mente, dile las siguientes verdades bíblicas:

- Escogida: Juan 15:16
- Hija de Dios: Romanos 8:17
- Redimida: Gálatas 3:13
- Nueva criatura: 2 Corintios 5:17
- Amada: Jeremías 31:3
- Perdonada: 1 Juan 1:9
- Aceptada: Romanos 15:7
- Preciosa: Isaías 43:4
- Fuerte: Isaías 40:31
- Única: Salmo 139:13
- Creada con propósito: Jeremías 29:11
- Especial: Efesios 2:10
- Protegida: Salmos 121:3
- Importante: 1 Pedro 2:9

¿Le hablaste a tu mente? Perfecto, ¡pues mañana necesitas volver a hacerlo! Será tu ejercicio diario debido a que tus hijos necesitan una madre saludable. A diario escucho a muchas mujeres decir: «Soy capaz de morir por mis hijos». Eso está bien, pero lo que tus hijos necesitan de veras es que vivas por ellos, no que mueras. Que vivas tomando mejores decisiones, poniendo en práctica todo lo que conoces y que vivas cuidándote. Tus hijos no quieren tu muerte, sino que quieren tu vida. Te necesitan viviendo llena de intencionalidad y propósito.

Mi momento de reflexión

1. Hoy llamaré a una amiga y la invitaré a:

    _____

    _____.

2. En mi elección de batallas, optaré por enfocarme en:

    _____

    _____.

3. Hoy decido aprender algo nuevo y será:

    _____

    _____.

4. Mi oración en este día es:

    _____

    _____.

#Soyfuncionalysaludable / #Elijoenfocarmebien

Capítulo 2
ERES MUCHO MÁS

«La paz os dejo, mi paz os doy; yo no os la doy como el mundo la da. No se turbe vuestro corazón, ni tenga miedo».

Juan 14:27, RVR60

Todas las madres, incluyéndote a ti y a mí, hemos tenido diferentes retos que enfrentar en las etapas de la vida, y lo hemos hecho con nuestras habilidades y personalidades de la mejor manera posible. Entonces, ¿qué me dices si llegan momentos llenos de miedo e inseguridad en los que no sabemos quiénes somos ni cómo vamos a lograr despertar al día siguiente? Sí, en algún momento, todas lo hemos sentido. No hemos sabido cómo lidiar con ciertas situaciones y hemos pedido ayuda celestial. Como resultado, Él nos la ha dado cuando en la Biblia nos dice trescientas sesenta y cinco veces: «No temas». ¡Una para cada día del año!

Sin embargo, aunque el miedo nos sirve para reflexionar y protegernos, debes saber que eso no define tu identidad. En esencia, el miedo no representa algo negativo. El miedo puede ayudarnos a detenernos a orar, analizar y consultar nuestras decisiones y acciones. Esto no lo logra ninguna situación, problema o circunstancia. Los títulos académicos, lo que mucho sabes o tienes no determinan quién eres, pues Dios fue el que diseñó tu identidad. Debes creer que solo tu fabricante, tu Creador, te provee de valor y significado. Nada ni nadie en la tierra pueden quitar o desvalorizar lo que eres, pues costó la vida de Jesús.

ASPECTOS QUE DEFINEN NUESTRA IDENTIDAD EN CRISTO

Ante todo, debes aprender a ver tu verdadera identidad en Cristo. Lo que Dios dice de ti y lo que piensa de ti. Es de suma importancia saber quién eres en realidad. De ese modo serás capaz de vivir a plenitud en Dios.

«Mas vosotros sois linaje escogido, real sacerdocio, nación santa, pueblo adquirido por Dios, para que anunciéis las virtudes de aquel que os llamó de las tinieblas a su luz admirable; vosotros que en otro tiempo no erais pueblo, pero que ahora sois pueblo de Dios; que en otro tiempo no habíais alcanzado misericordia, pero ahora habéis alcanzado misericordia». (1 Pedro 2:9-10, RVR60)

Por eso, te mostraré cinco aspectos relacionados con tu identidad en Cristo que, si entiendes y asimilas, cambiarán tu vida:

1. En Cristo, Dios te acepta por completo

Esta aceptación, que te eligieran, influye en todas los aspectos de tu vida. Te aceptaron desde antes de que todo esto existiera. No te rechazaron, sino que te escogieron por la muerte en la cruz y por su gran amor

«Antes de haber hecho el mundo, Dios nos amó y nos eligió en Cristo para que seamos santos e intachables a sus ojos». (Efesios 1:4, NTV)

«Por su gran amor, Dios nos aceptó y nos dio la seguridad de que tendremos la vida eterna tan esperada». (Tito 3:7, TLA)

Por lo tanto, su aceptación no se basa en tu desempeño ni se trata de la persona que eres. Se trata de Cristo. Si hoy no lograste completar todas tus tareas o no te sientes la mujer más valiosa, te tengo buenas noticias: En Dios, ¡ya te aceptaron! No importan tus resultados, tus habilidades, lo bien que haces las cosas ni lo eficiente que eres. ¡Él te escogió y aceptó!

2. Eres extremadamente valiosa

Eres valiosa porque Jesús te ama y te considera preciosa al dar su vida por ti.

«Te amo y eres ante mis ojos precioso y digno de honra». (Isaías 43:4)

El valor depende de quién sea el dueño. La pertenencia agrega valor a las cosas comunes. ¿A quién le perteneces tú?

«Ustedes fueron comprados por un precio; no se vuelvan esclavos de nadie». (1 Corintios 7:23)

Entonces, eres valiosa, pues Jesús dio su vida por ti y le perteneces. Ahora bien, el valor de algo no solo lo determina la persona a la que le pertenece, sino a alguien que quiere o está dispuesto a pagar por ello. Tú eres hija del Rey que entregó a su propio Hijo por tu salvación. Este es el mayor rescate pagado. La cruz prueba tu valor. Así que, la gente que te dice que no vales... ¡se equivoca!

3. Serás amada por siempre, pues eres familia de Dios

Ahora eres parte del pueblo de Dios. Jesús no se avergüenza de llamarte su hermana (Hebreos 2:11). Te ama con amor eterno, incondicional; un amor que no termina, sino que permanece para siempre.

«Yo te he amado, pueblo mío, con un amor eterno. Con amor inagotable te acerqué a mí». (Jeremías 31:3, NTV)

«El Señor es bueno y su gran amor es eterno; su fidelidad permanece para siempre». (Salmo 100:5)

4. Eres perdonada por completo

Antes que Dios te creara o nacieras, ya Dios sabía lo peor que ibas hacer. Y, aun así, te ama. La buena noticia es que en Cristo tus pecados son perdonados. Eso es gracia, pues recibes el favor inmerecido de Dios. Ninguna de nosotras merecíamos el perdón de Dios, pero lo hizo en su totalidad.

«Ahora, pues, ninguna condenación hay para los que están en Cristo Jesús». (Romanos 8:1, RVR60)

Necesitas entender estas verdades: Te perdonaron por completo, Dios no es rencoroso, pues perdonar es parte de su naturaleza (Isaías 43:25). Sobre todo, Jesús pagó por tus pecados (Efesios 1:7).

5. **Eres capaz por completo**

No eres incompetente ni eres inútil. Eres capaz por entero, a fin de hacer lo que Dios diseñó para ti. Incluso, eres capaz de ser una madre saludable y funcional para tus hijos. No importa la edad que tengan tus hijos hoy, pues a partir de ahora, y en el nombre del Señor, Dios puede hacer el milagro en tu familia. Tampoco importa si eres madre soltera. Es más, no importa debido a que no es con tus fuerzas ni con tus capacidades intelectuales, pues Dios es quien te promueve.

Tu capacidad viene de Dios. Él te ha capacitado para servirle. ¿Por qué eres capaz? Porque Cristo vive en ti.

«Todo lo puedo en Cristo que me fortalece». (Filipenses 4:13)

LA INFLUENCIA EN LA FAMILIA

Conocer tu identidad en Dios no es algo que debas usar como excusa para crecer. Tu crecimiento diario determina quién eres, y esto te ayudará a influir en tu familia. Si logras este cometido, crearás un núcleo familiar saludable y en desarrollo constante.

Con frecuencia, nos estancamos en el proceso de aprendizaje debido a que nos conformamos como estamos. Sin embargo, para ser una madre de influencia no puedes dejar de aprender. John Maxwell, en su libro *Las 21 cualidades indispensables de un líder*, dice:

«Si realmente quieres empezar a crecer, haz de los nuevos retos parte de tu actividad diaria»[1].

Observa cómo reaccionas cuando las cosas no salen como tú quieres. Si lo haces de mala forma, necesitas trabajar en tu habilidad para aprender. Intenta algo nuevo y diferente para obligarte a salir de tu zona de comodidad, ya que los retos nos ayudan a modificar nuestra conducta. Por lo tanto, lee libros referentes a la maternidad, y continúa aprendiendo y creciendo, pues esto evitará que te agotes y te conviertas en alguien que no renueva sus pensamientos. Recuerda que tu mente actúa según la alimentas y que el desarrollo de tu vida es importante para poder servirles de modelo a tus hijos. El pastor Isaías Narváez nos aconseja:

Tu respuesta a las crisis provocadas por otros, y el estilo de vida que escojas, revelarán si eres una copia o si eres un original. Quienes tienen una identidad auténtica no la pierden ni en tiempos buenos ni en tiempos malos.

Hay estudios que demuestran que, en gran parte, tu autoestima la determina lo que tú crees que opinan o piensan de ti las personas que te importan más. Por eso, te dejo esta recomendación: *Haz de Cristo tu persona más importante y empieza a creer lo que Él dice de ti*. Comienza a afirmar la verdad de su Palabra y hazla parte de tu vida diaria. Tu identidad necesita estar alineada a los principios bíblicos que, a lo largo de tu vida, serán tu sostén y aliento. Incluso, lo serán en esos días en los que no sabes qué hacer y no entiendes lo que está pasando.

Repite en voz alta las palabras que leerás a continuación, y recuerda que esta es tu imagen ante Dios y tu verdadera identidad:

Soy aceptada por completo
Soy infinitamente valiosa
Soy eternamente amada
Soy perdonada por entero
Soy totalmente capaz

¿A quién le crees? ¡Créele a Dios!

Mi momento de reflexión

1. Puedo lograr mi meta de:

   _____

   _____.

2. Creo en mí, porque

   _____

   _____.

3. Mi aprendizaje de hoy es:

   _____

   _____.

4. Mi oración de hoy es:

   _____

   _____.

Capítulo 3

CUANDO NO ENTIENDAS LA MATERNIDAD

¿Te acuerdas de los días en que estabas embarazada? Es probable que solo estuvieras enfocada en el embarazo, en el día del parto y en la llegada de tu bebé. Eran días llenos de diferentes emociones. Y, a lo mejor, no tuvieras días de desánimo como quizá hayas sentido ahora.

En sus primeros años, tus hijos dependen por completo de ti para todo. Es un grito a voz en cuello que dice: «Enséñame a vivir». Y sí, debes hacerlo, pero para esto es necesario que te eduques tú primero en un proceso que es diario. No importa cuántos años tengan tus hijos hoy, siempre estarás creciendo con ellos.

Ahora bien, no comiences a sentirte culpable por el pasado. Ese pasado no lo puedes cambiar. No sigas con ese lamento. Si es necesario y posible, pídeles perdón a tus hijos. Acepta que no puedes cambiar lo que pasó y anímate a seguir hacia adelante. Dile adiós al pasado y dale la bienvenida al presente. ¡Recuerda que la decisión es tuya!

Hay días en los que me desaliento y hay momentos en los que tampoco sé que hacer. Sin embargo, es entonces que necesito entender que Dios tiene el control y esforzarme en alimentar mi mente: «Ten paciencia, Dayna... Dios está trabajando en tu bendición. No trates de entender cómo lo va a hacer. Solo descansa y respira hondo sabiendo que Él lo hará. Recuerda que tu proceso de hoy será tu testimonio del mañana. Confía y cree que Dios cumplirá sus promesas». De modo que tengo que afirmar en mi corazón que todo lo que vivo en este momento tiene un propósito, y que debo desarrollar la resiliencia y el gozo para continuar.

SÉ SABIA Y PERSEVERA

Todos los días de mi vida, en mis oraciones diarias, le pido sabiduría a Dios. En mis oraciones diarias, le digo: «Señor, por favor, dame sabiduría». La sabiduría se define como ciencia, conocimiento, entendimiento y prudencia. ¡Y mucha falta nos hace la prudencia a las madres! Jesús dijo:

> *Porque todo aquel que pide, recibe; y el que busca, halla; y al que llama, se le abrirá.* (Mateo 7:8, RVR60)

Los verbos utilizados en el griego están en imperativo, que significan *pidiendo, buscando* y *llamando* constantemente. Cuando leí este verso bíblico, tomé la decisión de pedir y creer que Dios me daba sabiduría. Ahora bien, junto a esa petición a Dios por sabiduría, también decidí leer libros de autoayuda y, al igual que tú lo haces hoy, dedicar el tiempo para aprender.

Además, analicé que necesitaba la perseverancia, y encontré que la historia bíblica de Ana, relatada en 1 Samuel 1—2, me ayudaría a entenderla. Cuando Dios quiere traer a un Samuel al mundo, Él busca a las «Ana» que están dispuestas a esforzarse. La perseverancia requiere esfuerzo.

Tu maternidad tiene el propósito de dar lo mejor de ti. Estás levantando a un hombre o una mujer que forme parte de la gran familia de Dios. Así que tu propósito tiene que ver también con marcar una diferencia en la vida de tu hijo. Tú eres el medio para el cumplimiento del propósito de la vida de tu hijo. Comienza contigo desde el nacimiento y hasta que la muerte. Sí, por supuesto, este propósito nunca termina. Solo que la función será diferente en cada etapa.

Aun así, tu Creador te concedió dones, talentos, pasiones y experiencias únicas. Por otra parte, tu maternidad es un llamado divino. Y cuando Dios llama, también da la gracia, la fe y la unción del Espíritu Santo para hacerlo. Él permanece contigo en cada paso del camino.

Ya sé que, a veces, el proceso se hace eterno, pero en eso consiste la perseverancia. Volviendo a la historia bíblica, el período de espera de Ana fue mucho más largo que cualquier período normal de gestación. Soportó el maltrato de Penina durante mucho tiempo y oró desesperada por años, pero nunca se dio por vencida.

Tal vez tú hayas estado orando y aún no ha sucedido nada. En realidad, estás en la «escuela de la oración perseverante» y no se trata de una clase semestral. Es un viaje de toda la vida que se diseñó para hacer crecer tu fe, desarrollar tu carácter, purificar tus motivos, probar tu paciencia, incrementar tu capacidad de conocer y experimentar el maravilloso amor de Dios.

La mayoría de los personajes bíblicos que pidieron grandes cosas tuvieron que aguardar mucho tiempo para poder recibir respuestas. Cuando Dios te da una promesa, en esencia quedas «embarazada» de ella. Así que renuncia a las dudas, recibe a quienes Dios te envía para ayudarte y lucha por tu promesa. La sabiduría combinada con acción da buenos resultados. Cuando actúes, haz lo adecuado, de la manera apropiada.

LA SABIDURÍA QUE VIENE DE DIOS

La vida se trata de decisiones y para tomarlas debemos hacerlo con sabiduría. Si a alguna de nosotras nos falta sabiduría, podemos pedírsela a Dios. Él nos la dará a todas de manera generosa y sin menospreciar a nadie.

La palabra *sabiduría* se encuentra más de ciento veinte veces en el libro de Proverbios. Este libro usa la palabra sabiduría en un sentido mucho más amplio y centrado, a fin de mostrar la habilidad en el diario vivir. Es más, reconoce que las personas toman decisiones, escogen amistades, determinan comportamientos, administran dinero, realizan trabajos, levantan familias y van por la vida con varios grados de habilidad. Por eso el libro de Proverbios proporciona el consejo necesario para conducirnos de manera eficaz en todos los aspectos de la vida.

En mi juventud, inicié una lectura y un análisis del libro de Proverbios, debido a que agrega un sentido moral y espiritual a la verdadera sabiduría que se centra en Dios, la cual involucra integridad y carácter. En resumen, la sabiduría se refiere a la habilidad de manejar la vida con sentido común y carácter. Esta habilidad para disfrutar una vida funcional y saludable empieza con Dios y termina con Dios.

El temor del SEÑOR es el principio del conocimiento; los necios desprecian la sabiduría y la disciplina. (Proverbios 1:7)

Si te preguntara: «¿Qué deseas para tu hijo?». Es probable que una de tus respuestas sea: «Mi deseo es que mi hijo sea feliz». Siendo así, quiero decirte que la sabiduría es el medio para lograrlo.

Dichoso el que halla sabiduría, el que adquiere inteligencia [...] Ella es árbol de vida para quienes la abrazan; ¡dichosos los que la retienen! (Proverbios 3:13, 18)

Obsérvalo también en el enfoque del crecimiento de Jesús que se relata en el Evangelio de Lucas:

El niño crecía y se fortalecía; progresaba en sabiduría, y la gracia de Dios lo acompañaba. (Lucas 2:40)

Te animo a que tu enfoque en la crianza de tus hijos sea el de la sabiduría, y que trabajes en ella con esfuerzo y perseverancia. Solo así podrás salir adelante en esos días en los que no entiendes tu maternidad.

Antes de finalizar, por si tienes uno de esos días de desánimo, quiero mostrarte la forma en la que algunos niños describieron a sus madres:

«Ella es un ángel».

«Mami es valiente como la *Supergirl*».

«Mi mamá es bien linda como una princesa».

«Ella es dulce como el chocolate».

«Mi mamá es la mejor madre del mundo».

Puede que digas: «Ah, pero eso es porque son niños pequeños». Pues no... Aquí tienes otra anécdota: Hace unos meses estuve en una iglesia donde el pastor hablaba de su mamá. Relataba que admiraba muchas cosas de ella. Sin embargo, lo que más admiraba era su fe en Dios. En el momento del relato, la madre ya había fallecido, pero su vida, su amor y su fe seguían vivos en ese hombre. Las lágrimas en sus ojos reflejaban lo importante que fue su madre para él. Mientras escuchaba al pastor, me conmovía la historia y oraba: «Dios, permite que mis hijos algún día puedan expresarse así de mí». ¿Y sabes qué? El pastor no contó cuántos regalos recibió de su mamá. Tampoco dijo si fue fuerte ni si lo disciplinó de una manera indebida. Solo resaltó que hasta en el lecho de muerte levantaba sus manos para adorar a Dios, y que los miraba a todos con amor y ternura.

¿Por qué te cuento esto? Porque deseo recordarte que lo único que se requiere y se pide de ti es que puedas creer, pues estoy segura de que para tus hijos tú eres única y especial.

Mi momento de reflexión

1. Quiero que mis hijos me recuerden como:

   _____

   _____.

2. Mi aprendizaje de hoy es:

   _____

   _____.

3. Mi oración de hoy es:

   _____

   _____.

Capítulo 4

¿DÓNDE ESTÁ EL MANUAL
DE INSTRUCCIONES?

«Pues la palabra de Dios es viva y poderosa. Es más cortante que cualquier espada de dos filos; penetra entre el alma y el espíritu, entre la articulación y la médula del hueso. Deja al descubierto nuestros pensamientos y deseos más íntimos».

Hebreos 4:12, NTV

¿Por qué no existe un manual específico de aprendizaje para una persona o para una etapa específica? Porque no podemos decir que todos los niños son iguales, pues no lo son. Cada niño es un individuo único e irrepetible. Las madres también son diferentes. Lo que puede ser eficaz para mí, no necesariamente lo será para ti.

EL MEJOR LIBRO DE INSTRUCCIONES

Imagínate usando un manual de instrucciones de cómo criar a tu hijo escrito hace más de cuarenta años. Sería un documento fuera por completo de la realidad, pues los niños de esa época no estaban expuestos al internet ni a las redes sociales como en la actualidad. Tampoco habrían atravesado situaciones inesperadas, como una pandemia.

No obstante, sí existe la Palabra de Dios que es nuestro manual de instrucciones personal para renovar y transformar nuestra vida al diseño original. El único libro que provee promesas que se escribieron antes de nacer y que se cumplirán. El manual que nos ayuda en todas nuestras relaciones, desempeños y control de emociones frente a cada situación de la vida.

Sin embargo, existen buenos libros que servirán de mucha edificación para tu vida y que debes procurar leer. Lo triste es que escucho a mujeres decir: «No tengo tiempo» o «A mí no me gusta leer». Estas expresiones necesitan reprogramarse y sustituirlas por pensamientos como: «Voy a dedicar unos minutos para leer una página, un capítulo, pues reconozco que necesito alimentar mi vida».

Recuerdo que cuando nació mi hijo Natanael, compré el libro titulado *Cómo criar a los varones*, escrito por el Dr. James Dobson[2]. En los primeros capítulos escribió sobre algunas travesuras que hacen los varones y yo estaba bien asustada. Así que estando aún embarazada le hablaba a mi bebé y le decía: «Hijo, te amo y deseo que te diviertas, pero no asustes a mamá porfa...». Hoy mi hijo tiene diecinueve años y aún hace algunas travesuras.

Los niños van aprendiendo con cada descubrimiento que realiza. Un día, pasé unos de los sustos más grandes de mi vida. Mi hijo estaba recién bañado y listo para sentarse a ver televisión y decidió prender un ventilador de pedestal. Parece que con una manita mojada tocó la toma del aparato. Entonces, al hacer contacto con la electricidad, sintió un fuerte golpe eléctrico en la mano. Aún puedo sentir en el corazón el grito de mi hijo. Pasó algo bien rápido, aunque nunca antes pensé que él haría algo así. Estuve muy sentida como por una semana y, siempre que le veía una quemadura en su dedo por el incidente, tenía deseos de llorar.

¿En qué manual de instrucciones nos habla de cómo lidiar con el dolor y el sentido de culpa por no haber estado al lado de mi hijo? La verdad es que nadie puede consolarte como trato hoy de hacerlo contigo al narrarte este momento tormentoso. Solo Dios, en el día a día, me consoló hasta el punto de que jamás volvió a suceder. Tanto mi hijo como yo aprendimos nuestra lección. La Palabra de Dios siempre ha sido mi gran consuelo en muchas ocasiones.

Muchas, en algún momento, expresan que cuando comienzan a leer la Biblia les da sueño y no la entienden. Si ese es tu caso, debes reprogramar tu mente, como lo hice yo un día con este pensamiento: «No quiero seguir creyendo lo que me predica otro. Quiero conocer a Dios y a su Palabra». Para comenzar, compré una Biblia que se divide en porciones para leerla completa en un año, una Biblia de estudio, un diccionario bíblico y un comentario bíblico. Luego, decidí leer los Salmos y los Proverbios. A fin de conocer las historias de Jesús, inicié la lectura del Nuevo Testamento. Por lo tanto, la Biblia se convirtió para mí en el historial del amor de Dios y mi fuente de sabiduría. También Jesús se convirtió en el centro de mi vida.

Como madres, tenemos días llenos de muchas emociones que son como las montañas rusas o como las olas del mar. Así que la primera lección que tuve que aprender fue la de seguir a Jesús y no a los seres humanos que, al igual que yo, Dios los está renovando y transformando. Aprendí que mi decisión de seguir a Jesús no puede ser emocional, y que no podía seguir a un Jesús de ofertas como estas: «Si me concedes las peticiones, te amo» y «Si todo me va bien, te amo». No puede ser de esa manera, sino que la decisión debe ser la de una búsqueda sincera. Mis hijos necesitaban que confiara en Cristo y que me mantuviera creyendo a pesar de las circunstancias que podamos afrontar.

Recuerdo un día en el que había mucha tensión. Se trataba de esas mañanas en las que estábamos retrasados y nadie encontraba nada. ¡Un lunes intenso! Así que me detuve e hicimos una pausa de oración a nuestro Dios que todo lo escucha, todo lo ve, está en todo lugar y tiene el poder de hacer milagros. Después de eso, nos abrazamos, respiramos y salimos de la casa con la paz que solo Dios sabe dar.

Hay días en los que tenemos que detenernos, esperar y creer. Uno de esos días de *selah*, o de pausa, reflexión, análisis y de ponernos a pensar. No continúes tu día sin acudir a Dios en oración y sin leer la Biblia. Él es un Dios fiel y el único capaz de estar en todo lugar para cuidar a cada miembro de tu familia. Dios te ama y tiene cuidado de todos ustedes. Haz que tu vida cristiana sea parte de tu estilo de vida. De ese modo disfrutarás de la plenitud de Cristo que te provee las fuerzas para enfrentar toda situación. Es importante que tengas presente que Dios nunca dijo que no tendríamos momentos de duda, dolor, dificultad o aflicción. Lo que sí dijo fue: «Confía, yo estoy contigo y vencí el mundo». Así que no seas una fanática o religiosa, sino ten una relación con Dios de Padre a hija.

VENCE CADA DÍA CON DIOS

La realidad es que muchas de nosotras les exigimos a nuestros hijos que sean más disciplinados o que hagan buen uso del tiempo. En cambio, no somos modelos a seguir para ellos. Hasta cuestionamos sus actitudes, sin darnos cuenta de que son las mismas actitudes nuestras.

Creo que Dios nos envía a los hijos para que nos sumerjamos en las aguas profundas, misteriosas y, a veces, bien huracanadas de la maternidad en oración y dependencia total de Él. Por supuesto, tu hijo es diferente, de modo que tendrás que seguir aprendiendo con él.

¿Sabes que tuve noches en las que mientras seguía mi caminar estaba muy asustada y llena de preguntas? No obstante, en esos días pude sentir literalmente el abrazo consolador de Dios cuidándome. En la carta de Pablo a la iglesia de Roma experimenté el consuelo:

Sin embargo, en todo esto somos más que vencedores por medio de aquel que nos amó. (Romanos 8:37)

¿Qué significa ser «más que vencedores»? Significa que cuando tienes una relación con Dios, sabes de antemano que estás divinamente equipada para vencer cualquier situación que hoy te tiene preocupada. Lo cierto es que no hay nada que pueda derrotar al Dios grande y poderoso que tú y yo servimos.

Nuestra percepción de las circunstancias que enfrentamos es un gran filtro. Si seguimos pensando que no sabemos cómo criar a nuestros hijos, que no logramos ser una madre saludable y funcional, la realidad es que el cerebro recibe esa información y la aceptamos como cierta. Las palabras cargan un peso increíble en las decisiones y acciones de nuestra vida.

Hoy es un día excelente de hacer una renovación y reprogramación de esos pensamientos distorsionados y limitantes. Pensamientos que no te permiten ver y disfrutar de experiencias extraordinarias de fe. Un solo paso de fe puede traer excelentes oportunidades de vida. A fin de mantenerte siendo una madre saludable, sigue aprendiendo. Escucha a tu hijo, quien te dirá lo que es adecuado para él.

Mi momento
de reflexión

1. Quiero ser disciplinada en:

    _____

    _____.

2. Para mejorar mi estudio bíblico voy a comprar:

    _____

    _____.

3. En mi tiempo de oración voy a orar por:

    _____

    _____.

4. Mi aprendizaje de hoy es:

    _____

    _____.

5. Mi oración de hoy es:

    _____

    _____.

Capítulo 5
ÁMATE

*«Dios hizo todo hermoso en su momento,
y puso en la mente humana el sentido del tiempo,
aun cuando el hombre no alcanza a comprender
la obra que Dios realiza de principio a fin».*

Eclesiastés 3:11

Una de las causas frecuentes de la tristeza, de la depresión, del enojo, de la inseguridad y de la autocompasión es no sentirse útil, no sentirse aprobada. Incluso, considerar el pensamiento de ser insuficiente es el susurro o la propuesta del pensamiento de la baja autoestima, ignorando que la manifestación del sueño de Dios fue crearte a ti. Te crearon con propósito y de manera intencional.

Es probable que estos pensamientos se aprendieran a partir de tu cultura y crianza, o por el ejemplo de tus padres. Así que tu cerebro se convierte en un campo de batalla de pensamientos continuos que no te permiten conducir tus emociones de forma adecuada.

LA BATALLA DE NUESTRA MENTE

Ahora, trata de echar a un lado, solo por un momento, esos pensamientos que batallan en tu mente. Luego, intenta imaginar a Dios poniendo en ti solo pensamientos llenos de amor para tu mejor bienestar. De modo que, a partir de hoy, procura esforzarte al máximo para ejercitar tus propósitos, a fin de sustituir esos pensamientos y emociones que quieren susurrarte una mentira. No es cierto que no sea adecuado lo que piensas y sientes. No es cierto que no puedas. No es cierto que no seas capaz. No es cierto que no podrás. No es cierto... ¡y punto!

Hoy en día está muy de moda hablar del amor propio y del empoderamiento. Sin embargo, la realidad es que todo esto requiere un esfuerzo diario para romper con los estereotipos y cambiar de mentalidad en una práctica que a veces es dolorosa, fastidiosa y agotadora. Es difícil conocerse, amarse y entender por qué llegó ese pensamiento, por qué tengo esta batalla constante si sé lo que Dios dijo acerca de mí. ¡Bienvenida al grupo de amigas que vivimos ese proceso difícil todos los días, pero que decidimos no rendirnos!

Comienza por un segundo a educar tus emociones y pensamientos. Se vale, y es necesario, amarte, respetarte y valorarte. Cuando aprendemos a cambiar o sustituir los pensamientos dañinos y a enfocarnos en el amor de Dios, seremos capaces de aceptar nuestra identidad. Como madre, este proceso de renovación es diario y necesario. Por lo tanto, no sigas justificando tus acciones por tu pasado. Tus pensamientos y emociones se pueden modificar. Tú lograrás dominarlos, pero tienes que creer.

A fin de lograrlo, necesitas depositar en tu mente información nueva. La lectura de la Biblia y de libros educativos podrá ayudarte en esta tarea. Ahora bien, este esfuerzo no es mágico ni va a ocurrir con facilidad. Te tomará tiempo, el que tú necesites, y el que le dediques para esforzarte. Basta con que decidas asumir el dominio propio que requieres para cambiar tus pensamientos.

EL PODER DE LA MENTE

No tienes idea de cuán poderoso es asumir el control de lo que decidimos. Analízalo por un momento y trae a tu memoria esas decisiones que has tomado y que nadie ha podido cambiar. Un ejemplo de esto lo tenemos cuando te compras algo y sabías que no debías hacerlo, pues en ese momento no es lo más conveniente para tu presupuesto, pero aun así lo haces. Con esa misma firmeza y entendimiento, debes ejercer el poder para dominar tus emociones y pensamientos.

No se amolden al mundo actual, sino sean transformados mediante la renovación de su mente. Así podrán comprobar cuál es la voluntad de Dios, buena, agradable y perfecta. (Romanos 12:2)

El cerebro humano es una de las creaciones más perfectas y complejas. La mente, en cambio, es la fuente que alimenta nuestras decisiones, pensamientos, sentimientos, deseos y la manera en que nos vemos a nosotras mismas. Entonces, *¿te das cuenta de lo importante que es aprender a transformar la manera en que pensamos?*

La palabra «mente», del griego *nous*, «denota, hablando en general, el asiento de la consciencia reflexiva, comprendiendo las facultades de la percepción y comprensión, y las de sentimiento, juicio y determinación»[3]. Por lo tanto, debido a que en la mente se asientan la razón y la lógica, esta nos permite reflexionar y entender lo que nos rodea. En cuanto a esto, la Biblia nos aconseja que renovemos nuestra mente:

Con respecto a la vida que antes llevaban, se les enseñó que debían quitarse el ropaje de la vieja naturaleza, la cual está corrompida por los deseos engañosos; ser renovados en la actitud de su mente; y ponerse el ropaje de la nueva naturaleza, creada a imagen de Dios, en verdadera justicia y santidad. (Efesios 4:22-24)

El pastor Juan de la Rosa, en su estudio sobre la renovación de la mente, nos presenta una interesante analogía:

Si consideramos que el cerebro del hombre es una computadora, la mente vendría a ser la parte central de la misma, en donde están concentrados todos los programas que la hacen funcionar. Toda la información que llega a nuestro cerebro, la percibimos por medio de nuestros cinco sentidos: La vista, el oído, el olfato, el gusto y el tacto. Inmediatamente queda almacenada en algún espacio de ese formidable archivo que es la memoria[4].

Los resultados que se obtengan del manejo de esa información dependerán de la calidad de los programas que se han activado en la mente para su procesamiento y desarrollo. Es decir, que si el programa es bueno, los resultados serán buenos, y si el programa es malo, los resultados serán malos. El problema consiste, entonces, en eliminar la programación negativa de nuestra mente, a fin de que el Espíritu Santo renueve el programa original de Dios en nuestras almas y que lleva a cabo mediante el proceso de santificación.

Debemos vestirnos de una nueva mujer, «creada a imagen de Dios, en verdadera justicia y santidad» (Efesios 4:24), la cual «se va renovando en conocimiento a imagen de su creador» (Colosenses 3:10). Solo de esa forma se irá eliminando de nuestra mente la antigua programación, y el Espíritu Santo comenzará el proceso de santificación que nos renueva y nos puede llevar a la perfección en el conocimiento de Dios. Es más, seremos capaces de entender su voluntad, nuestro espíritu tendrá vida y se restablecerá nuestra comunión con Él. A fin de conocer la voluntad de Dios, que es «buena, agradable y perfecta», se requiere que nos transformemos «mediante la renovación» de nuestra mente (Romanos 12:2). Para esto, debemos hacer morir, por el Espíritu Santo, las obras de la carne.

Todo lo que hay en el mundo, los deseos de la carne, los deseos de los ojos, y la vanagloria de la vida, no proviene del Padre, sino del mundo. Y el mundo pasa, y sus deseos; pero el que hace la voluntad de Dios permanece para siempre. (1 Juan 2:16-17, RVR60)

Recuerda que tus hijos no saben cómo lidiar con sus emociones; están aprendiendo contigo. De modo que lograrán identificar tu salud emocional y mental por la manera en que tomas decisiones y por tus acciones disciplinarias. Se preocupan por ti aun cuando no te digan nada, pero no son responsables de ti. Por el contrario, tú eres necesaria e importante para ellos. Eres su modelo.

Hoy es un día perfecto para evaluarte y declarar: «No soy valiosa por lo que hago ni por lo que soy, sino porque Dios me ama con amor eterno. *Ámate hoy de manera intencional y llena de propósito.*

Mi momento de reflexión

1. ¿Qué pensamientos necesito cambiar hoy?

   _____

   _____.

2. Me acepto y me valoro porque

   _____

   _____.

3. Creo con todo mi corazón que

   _____

   _____.

4. Mi aprendizaje de hoy es:

   _____

   _____.

5. Mi oración de hoy es:

   _____

   _____.

   #Mismaámate / #Meamo

Capítulo 6
NO SON TUYOS

«Así que cada uno de nosotros tendrá
que dar cuentas de sí a Dios».

Juan 14:27, RVR60

*T*anto tu vida como la de tus hijos les pertenecen a Dios. Él es el dueño de todo, incluso de tus hijos. Como madres, *solo somos administradoras* de este regalo lleno de responsabilidad.

La palabra *administrador* se define como una persona responsable de conservar, dirigir y administrar algo. En nuestro papel de madre, el dueño es Dios y nosotras somos administradoras del desarrollo emocional, espiritual y mental de nuestros hijos. Esta responsabilidad tiene un peso muy importante y para esta labor te seleccionaron a ti.

En ocasiones, serás entrenadora, animadora, confidente, cocinera y chofer. Esto aumenta nuestra responsabilidad, pues cuando algo no es tuyo, casi siempre lo cuidas con mayor precaución. Sin embargo, a la misma vez, trae descanso saber que Dios, como dueño, cuida, provee y sostiene su propiedad. Los hijos son una responsabilidad compartida. Por eso necesitamos estar conectadas con nuestro Dios y en relación diaria con Él. No hay otra manera de cumplir con nuestra encomienda si no es con su dirección.

LOS DESAFÍOS QUE TENEMOS POR DELANTE

Tu gran tarea requiere que seas una madre saludable en lo emocional y estés segura de ti misma. Te animará saber que no estás sola. Dios está contigo y te ayudará a enfrentar cada día. Los hijos son experiencias de vida que Él nos permite, incluso para trabajar en muchos aspectos de nuestra vida.

En ocasiones, Dios usará a nuestros hijos para que aprendamos que aún hay elementos de nuestro carácter en los que debemos trabajar. Muchas veces esos retos serán de bendición, pues nos recuerdan la importancia de la oración y de los principios bíblicos.

Ahora bien, en la administración de la vida integral de nuestros hijos habrá días en los que no tendremos la más mínima idea de cómo enfrentarlos ni cómo controlar las situaciones que se nos presentan. Te cuento que yo tengo días así. Se trata de días en los que no sé qué hacer y siento que necesito ayuda celestial de manera urgente. Gracias a esos días es que Dios me permite recordar que yo no soy la dueña y que la manera en que desempeñe el papel de madre refleja mi intimidad con Él.

Es importante que enseñemos este principio bíblico a nuestros hijos. Recuérdales que somos hijos de Dios y herederos de todas sus promesas.

Y, si somos hijos, somos herederos; herederos de Dios y coherederos con Cristo, pues, si ahora sufrimos con él, también tendremos parte con él en su gloria. (Romanos 8:17)

Esta hermosa bendición implica otra responsabilidad: asegurarte de que tus hijos reciban al Señor como su Salvador. Si tu hijo no está sirviendo al Señor, declara la siguiente promesa:

Cree en el Señor Jesús y serás salvo, junto con todos los de tu casa. (Hechos 16:31, NTV)

Escribe este verso en los espacios más frecuentados de tu hogar, declarando lo que establece el Señor en su Palabra:

Por mi parte, mi familia y yo serviremos al Señor. (Josué 24:15)

Ten paz. Dios es un Dios justo y misericordioso, y te ama «con amor eterno» (Jeremías 31:3).

LA MAYORDOMÍA Y SU SIGNIFICADO

La mayordomía, o la sabia administración de la vida, es algo que debemos enseñarles a nuestros hijos. Lo lamentable es que de esto no se habla en las escuelas ni en las iglesias, así que es algo de nuestra entera responsabilidad como madres.

Un mayordomo es alguien que administra algo como es debido. Es esa persona a quien el dueño le pide que le rinda cuentas de todas las cosas que se le confiaron. Al aplicarlo a nuestra vida cristiana, entendiendo que el dueño de todo lo que tenemos es Dios, la mayordomía se refiere a la buena administración de lo que es de Él y que ha puesto en nuestras manos como sus siervas. En otras palabras, tenemos la responsabilidad de gestionar, controlar y utilizar con sabiduría nuestros talentos, tiempo, recursos, dones, finanzas, cuerpo, salud, familias y ministerio. En fin, todo lo que viene de Dios y que debemos aprovechar para cumplir su propósito.

Que todos nos consideren servidores de Cristo, encargados de administrar los misterios de Dios. Ahora bien, a los que reciben un encargo se les exige que demuestren ser dignos de confianza. (1 Corintios 4:1-2)

Por lo tanto, la mayordomía, más que un concepto teórico, es algo que debemos aplicar como parte integral de nuestra vida. Así que, como resultado, reconocemos que Dios es el dueño y Señor de todo, y nosotras somos administradoras que trabajamos en alianza con Él.

Del Señor es la tierra y todo cuanto hay en ella, el mundo y cuantos lo habitan; porque él la afirmó sobre los mares, la estableció sobre los ríos. (Salmo 24:1-2)

Tuyos son, SEÑOR, la grandeza y el poder, la gloria, la victoria y la majestad. Tuyo es todo cuanto hay en el cielo y en la tierra. Tuyo también es el reino, y tú estás por encima de todo. De ti proceden la riqueza y el honor; tú lo gobiernas todo. En tus manos están la fuerza y el poder, y eres tú quien engrandece y fortalece a todos. Por eso, Dios nuestro, te damos gracias, y a tu glorioso nombre tributamos alabanzas. (1 Crónicas 29:11-14)

La parábola de los talentos, que encontramos en Mateo 25:14-15, nos da un ejemplo claro de esto. Además, nos enseña cuán fieles y responsables debemos ser en la mayordomía, pues tendremos que rendirle cuentas a nuestro Dios.

El manual «Mayordomía integral del Reino» recoge algunos principios acerca de la mayordomía que adapté a la maternidad[5]. De ese modo la entenderemos y ejerceremos de una mejor forma, según lo establece la Palabra de Dios:

- *Dios es el Creador, sustentador y propietario de todo cuanto existe*, incluyéndonos a nosotras y nuestros hijos (Génesis 1 y 2; Salmo 24:1; Apocalipsis 4:11). No te preocupes, si Dios te creó, Él te sustenta.
- *El ser humano se creó a imagen y semejanza de Dios; y fue puesto como mayordomo de la creación* (Génesis 2:7-20). Si te crearon a su imagen y Él confía en ti, también te proveyó de todos los recursos y habilidades que necesitas para cumplir tu tarea.
- *Toda la creación se sometió a la esclavitud debido al pecado del hombre* (Génesis 3:16-19; Romanos 8:19-21), y también se redimió y compró por la sangre de Jesús. Siendo así, debemos reconocer que tendremos que rendirle cuentas a nuestro Creador y Redentor de todo lo que se nos ha confiado (Efesios 1:3-10; 1 Corintios 6:20; Apocalipsis 4:11). A pesar de nuestra naturaleza pecaminosa y débil, el Señor nos compró y eligió para cumplir su propósito. Nos llamó para ser madres,

físicas o de corazón. Respondamos con responsabilidad a tal muestra de confianza.

- *La mayordomía que Dios ordena para cada uno de sus hijos debe responder de tal manera que se haga su voluntad en todas las esferas de la vida, para que así el reino de Dios se exprese y extienda dondequiera que Él envía a uno de sus embajadores* (Colosenses 3:17). Eres una embajadora de Dios a través de la maternidad. El cumplimiento del propósito en tus hijos es una extensión del reino aquí en la tierra.

- *La mayordomía es un privilegio que Dios nos concede para cooperar con Él en el cumplimiento de su propósito eterno, y que nos ayuda a crecer en amor y obtener la victoria sobre el egoísmo y la codicia. El mayordomo se regocija en las bendiciones que otros reciben como resultado de su fidelidad en administrar lo que se le ha confiado* (Lucas 12:42-48). Disfruta del privilegio que tienes de ser madre. Celebra con otras como tú. Crece, impulsa, celebra, multiplícate. Esfuérzate para que, al ver a tus hijos, escuches a Dios decir: «Bien, sierva buena y fiel».

Dios depositó una enorme confianza en nosotras al delegarnos la administración o mayordomía de todo lo que tenemos. Creyó en ti y en mí al darnos el privilegio de ser madres, un honor que debemos llevar con la cabeza en alto. Así que debemos tener la certeza de que en esta responsabilidad contamos con su respaldo y que nuestros hijos no son nuestros, sino suyos. Dios está comprometido con nosotras para realizar su propósito en nuestras vidas y la de nuestros hijos ¡Qué privilegiadas somos! ¡Qué gran oportunidad tenemos! ¿No es ese un enorme motivo de agradecimiento? ¿No es una motivación extra para ejercer con pasión el oficio de ser madre? ¡Él confía en nosotras!

Mi momento
de reflexión

1. Declaro estas palabras hoy: «Reconozco que soy administradora. Dios es el dueño de mis hijos».

2. Tengo que mejorar en:

   _____

   _____.

3. Hoy deposito las siguientes preocupaciones en las manos de Dios:

   _____

   _____

   _____.

4. Mi aprendizaje de hoy es:

   _____

   _____.

5. Mi oración de hoy es:

   _____

   _____.

#Mishijossonsuyos / #soyadministradorafiel / #soymayordomo

Capítulo 7

SON DIFERENTES Y SE LES
AMA POR IGUAL

*«Tus hijos necesitan que pongas todo de ti
para que los ames tal como son».*

Bill Ayers

Ser madre es una bendición. Dios nos dio el regalo de ser maestras de nuestros hijos, a fin de educarlos en su camino, y que mantengan su propia individualidad, personalidad y carácter. Cada una de nosotras es única, y tenemos el llamado a descubrir esa naturaleza singular y afirmarla. Sin embargo, el reto de esta hermosa labor es que muchas de nosotras aún peleamos con nosotras mismas por serlo. De modo que es necesario conocer y disfrutar el amor de Dios para poder demostrarlo.

Enfócate en tu familia y no en las de las demás. La tuya es única, y es probable que las estrategias que use otra familia no sean adecuadas para ti. Aun así, no significa que no puedas considerar un buen consejo.

LA RELACIÓN MADRE-HIJO

La relación con tu hijo se desarrolla desde lo concibes. Existe mucha evidencia científica que establece que la madre y su hijo crean un vínculo emocional y espiritual, además del físico, desde que está en el vientre. Lo interesante y real es que, desde entonces, los hijos nos imparten experiencias distintas, y nos anuncian que son y serán diferentes, desde la concepción, el embarazo y el alumbramiento.

Por eso, aunque a los hijos se les ama por igual, te relacionas con cada uno de manera diferente. Cada cual tiene su personalidad, sus formas de comportarse y de pensar de acuerdo con su desarrollo individual. En esto se incluyen actitudes, formas de relacionarse con los demás, habilidades, hábitos y estilos distintos de interpretar lo que sucede a su alrededor.

Si eres madre de un hijo único, tendrás la hermosa oportunidad de compartir todo el amor con uno solo. La bendición de tener más de un hijo te da la oportunidad de desarrollar tus destrezas formando seres humanos diferentes. Eso no te hace una mejor madre, pero tal vez te requiera más creatividad.

LOS PROBLEMAS QUE PROVOCA EL FAVORITISMO

En ocasiones, las diferencias pueden causar rivalidades entre los hijos. Este comportamiento no es nuevo y pasa muy a menudo. Un día, mi hija me dijo: «Mami, mi hermano es el favorito tuyo». Ese mismo día mi hijo me dijo exactamente lo mismo. Me senté con ambos y les conté lo que dijeron los dos. Ellos se miraron y se rieron de la situación. No permití que el pensamiento de que uno de ellos «es favorito» reinara en sus corazones. Les expliqué que ambos son amados, pero que me relaciono con cada uno de manera diferente.

Sé cuidadosa con las comparaciones. Recuerda que esto afecta el desarrollo de la identidad y autoestima de los hijos. Incluso, podemos generar impotencia y frustración en ellos, pues de manera indirecta les mostramos unas expectativas que no se sienten capaces de cumplir. Esta sociedad está cargada de falsos estándares de belleza y nuestros hijos no necesitan más rechazo de nuestra parte por ser diferentes y únicos. Repito, tengamos cuidado con el favoritismo.

¿Recuerdas la historia bíblica de José y su padre, Jacob? En el libro de Génesis se cita lo siguiente:

Y amaba Israel a José más que a todos sus hijos, porque lo había tenido en su vejez; y le hizo una túnica de diversos colores. (Génesis 37:3, RVR60)

Esta preferencia, según el verso 4, provocó que sus hermanos lo aborrecieran y no pudieran «hablarle pacíficamente». Tanto así, que planificaron la cruel acción de echarlo en una cisterna y luego venderlo a unos mercaderes. Este estilo de familia no es el de una que sea funcional, aunque no dejaba de tener una promesa de propósito.

Ahora bien, el favoritismo promueve la envidia, y la envidia es muy peligrosa para la salud emocional de la familia. Los niños son buenos en especial a la hora de analizar las diferencias del mundo, y conocer esto se convierte en una importante estrategia de aprendizaje para el desarrollo.

LA ACTITUD ANTE LAS DIFERENCIAS

Nosotras podemos apoyar a nuestros hijos para que comprendan las diferencias al hablar con ellos sobre lo que observan. Por lo que es fundamental conversar, de modo que entiendan que lo que daña las relaciones no son las diferencias, sino la actitud que cada uno de sus integrantes asume ante estas.

Una actitud comprensiva, con tolerancia y respeto, es vital para superar los conflictos. ¿Es posible lograrlo siendo tan diferentes? ¡La respuesta es sí! Lo que debemos hacer, ante todo, es dedicarle el tiempo y hacer un esfuerzo diario por conocer a cada miembro de nuestra familia. También debemos reconocer con humildad que no porque seamos las madres tendremos siempre la razón, y que nuestros argumentos y acciones no son absolutos ni definitivos.

Utiliza el recurso del diálogo. Luego, expón las diferencias, negocia y encuentra, junto con tu familia, un punto de equilibrio que beneficie a todos. Sé asertiva al hacerlo, no seas ofensiva ni grosera. Además, evalúa la forma en que las diferencias se pueden convertir en elementos para crecer y aprender juntos. Recuerda que en la sociedad, el trabajo o en los diferentes ámbitos de nuestra vida debemos aprender a entendernos con personas con las que no siempre estamos de acuerdo. Entonces, de la misma manera, en nuestra familia debemos ser flexibles y adaptables en favor del bienestar común.

Las familias sanas no son las que no tienen conflictos, sino las que aprenden a resolverlos, buscando el equilibrio y la armonía entre diferencias y semejanzas. Esto no significa tener razón o estar equivocado, ser mejor o peor. Solo significa que somos DIFERENTES.

En nuestra familia nos dimos cuenta de que uniendo nuestras formas únicas de ser podemos estar más cerca los unos de los otros. Así que decidimos no juzgar, ni criticar nuestras iniciativas de hacer las cosas, sino valorar lo que cada uno aporta a la familia. Es una decisión de amor que nos ha sostenido hasta hoy. Tiene sus retos, pero con el paso de los años te darás cuenta de que es sumamente valioso.

Cada uno tiene su personalidad, carácter y lenguaje de amor. Somos diferentes por diseño. Tenemos la misma esencia, pero con diferentes diseños. El diseño de cada uno de tus hijos tiene como fin cumplir su propósito. Enséñales que Dios los creó de manera intencional para buenas obras que serán únicas y distintas.

Mi momento
de reflexión

1. Declaro lo siguiente: Acepto, valoro y respeto las diferencias de mis hijos.

2. Las diferencias que disfruto de mis hijos son:

   _____

   _____.

3. Hoy tomo la decisión de no comparar ni preferir a ninguno de mis hijos sobre el otro.

4. Mi aprendizaje de hoy es:

   _____

   _____.

5. Mi oración de hoy es:

   _____

   _____.

   #mishijossondiferentes

Capítulo 8

NO COMPARES A TUS HIJOS
CON NADIE

*«Enseña al niño el camino en que debe andar,
y aun cuando sea viejo no se apartará de él».*

Proverbios 22:6, LBLA

Ser madre es complejo y desafiante. Ser madre requiere que estemos dispuestas a aprender y a ser guiadas por Dios. Ten mucho cuidado con «la trampa de la comparación».

Desde el punto de vista psicológico, hay unas fases de desarrollo que establecen características que podemos observar en las etapas de crecimiento físico, emocional y mental de nuestros hijos. La razón por la que Dios nos dijo que les enseñemos en su camino, es para que los mantengamos en su propósito.

Cuando mi hijo nació tuvo muchos problemas con la alimentación. No toleraba cualquier leche y fue agotador. Sin embargo, ¡lo peor fue la cantidad de sugerencias que tienen las personas cuando ven que tú eres madre primeriza! Están las abuelas que quieren opinar... ¡y ni hablar de las madres que tiene más experiencia que tú en el camino!

Aprendí que sus intenciones no eran malas. Por el contrario, supe escucharlas con respeto y amor. En cambio, a la hora de tomar decisiones, consultaba con Dios en oración y con el pediatra de mi hijo. Mis acompañantes de vida en la maternidad son la oración, la comunicación con mi esposo, la lectura y el pediatra. El pediatra se convierte en alguien muy especial para ti si desarrollas una comunicación eficiente con él. Y si necesitas paz con las recomendaciones, siempre será saludable buscar la opinión de otro médico, porque ellos también son humanos.

LA ACTITUD ANTE LAS DIFERENCIAS

Tienes que aceptar y celebrar que tu hijo es único y ninguno es como él. Tu hijo no camina, escucha ni aprende como los demás. Disfruta sus diferencias y comienza a observar. Como madre primeriza, me encantaba leer libros sobre las etapas de desarrollo de mi hijo. Leí que en la etapa de gateo se debía observar por ciertos meses. Y con mi hijo aprendí que el gateo ocurrió cuando estaba listo. No por presión, ni por preocupación, pues cada niño tiene su propio desarrollo.

Necesitamos entender que la información a la que tenemos acceso es muy valiosa y nos sirve de referencia, pero no necesariamente es la norma para todos los niños. La estrategia de observación y análisis nos ayuda mucho a conocer, aceptar y valorar a nuestros hijos. Mi hija, por ejemplo, no puede estudiar en silencio sus lecciones de la escuela. A diferencia de otros niños, necesita el sonido y el movimiento a su alrededor para aprender. A mi hijo, en cambio, le gusta el silencio o la música en ocasiones para enfocarse.

Uno no es mejor que el otro, tan solo son diferentes. Si no aceptas estas diferencias, puedes lastimar sus identidades y personalidades únicas, y estoy segura de que esa no es tu intención. Disfruta a tus hijos a plenitud porque son extraordinarios. Por lo tanto, no debes comparar a tus hijos con nadie. Cada niño es único y muy especial. Enfócate en agradar a Dios y asegúrate de estar haciendo su voluntad en todo lo que hagas. Ten cuidado con las presiones externas que te pueden llevar a una vida estresante e innecesaria, pues tú sabes que Dios tiene el control de todo y tiene cuidado de ti. Él cuida de tus hijos siempre.

Por otra parte, no te compares con otras madres, sino sé tú misma. Sé la madre que Dios quiere que seas. Usa los talentos que Dios te dio a ti en especial. En mi caso, me hubiera encantado tener las destrezas desarrolladas en la cocina. Sin embargo, para serte sincera, no las tengo. Así que potencio mis habilidades y celebro las habilidades de otras mamás. Además, no intentes seguir el plan que te programe otra persona. No eres tu suegra, ni tu madre y mucho menos tu vecina. Permanece en la esencia que Dios diseñó para ti.

Evita las comparaciones a la hora de realizar alguna tarea y mucho menos al disciplinar. No uses expresiones como: «Tu prima siempre saca tal calificación», o «Él lo hace más rápido que tú». Tampoco lo hagas contigo misma: «A tu edad, yo hacía...». Recuerda que a nadie le gusta que lo midan o juzguen a cada momento. Y cuando lo hacemos, lo único que logramos es generar sentimientos de envidia, complejos y rencor. Esto se debe a que a ninguno nos gusta que continuamente nos digan que debemos parecernos a tal persona, actuar como ella o comportarnos de la misma forma.

Ahora bien, si tu deseo es motivar, busca a alguien con quien tu hijo quiera identificarse, ya sea dentro o fuera de la familia, y haz énfasis en los valores que tiene esa persona. Reenfoca la competitividad en positivo, muéstrales las enseñanzas de ganar, pero también las de perder.

Recuerdo que cuando trabajaba como directora escolar y hacíamos actividades especiales, como la famosa carrera del pavo, muchos niños montaban tremenda rabieta si no lograban ganar. Y las madres, que también tenían coraje, en vez de enseñarles que a veces se gana y otras se pierde, nos insultaban por no tener un pavo para cada niño. ¡Y ni hablar de las «perretas» de las «mamás del baloncesto»! No te imaginas lo difícil que fue para mí estar en las gradas y escuchar a otra madre insultar e intimidar a mi hijo, mientras jugaba baloncesto.

Acciones como estas son sumamente vergonzosas e innecesarias por completo. Aun así, es probable que estas mujeres fueran niñas educadas por personas muy competitivas de manera negativa y repitan la conducta como madres. Solo hay que estar en una cancha de cualquier deporte para analizar esas conductas. En lo personal, había un momento en el que me llevaba mi silla y me sentaba lo más lejos posible, pues no podía con el nivel de agresividad de muchas de ellas. ¡No repitamos la historia! En su lugar, estemos a favor del equipo y del ambiente sano.

Recuerda que tenemos la responsabilidad de educar a nuestros hijos para que la experiencia de competir y participar sea placentera. Para lograrlo, démosles el ejemplo al celebrar las victorias de otros. En el ambiente deportivo, esto es parte de una mentalidad saludable. Así que es fundamental hacerles entender que los amamos tal y como son, que confiamos en ellos y que les apoyamos en los retos que deban enfrentar.

No presiones a tus hijos con comparaciones ni expectativas demasiado altas para su edad. Tampoco provoques frustraciones por su incapacidad de complacerte. Más bien muéstrales tu respaldo y motívalos planteando objetivos y metas alcanzables. De esa manera, serán capaces de reforzar su autoestima, confianza y seguridad en sí mismos.

Mi momento
de reflexión

1. Disfruto de mis hijos porque

   _____

   _____.

2. Descanso, confío y creo que Dios tiene el poder para

   _____

   _____.

3. No permitiré que los pensamientos o las presiones de las personas o de la vida me lleven a comparar a mis hijos.

4. Mi aprendizaje de hoy es:

   _____

   _____.

5. Mi oración de hoy es:

   _____

   _____.

#Nocomparoamishijos / #Mishijossonúnicos

Capítulo 9
¿MADRE O AMIGA?

«Se levantan sus hijos y la llaman bienaventurada;
y su marido también la alaba».

Proverbios 31:28

Escuché a una joven madre decir: «Soy la amiga de mis hijos». Inmediatamente me pregunté: «¿Y la mamá dónde está?». No hay tal cosa como ser amiga de tus hijos. Podemos tener una relación saludable y expresar nuestras emociones y pensamientos libremente. Pero esto no necesariamente se obtiene por la amistad, sino que se desarrolla cuando ambas partes están dispuestas a tener una comunicación saludable. Ellos van a tener muchos amigos en la escuela, la comunidad de fe y el vecindario. Y seamos sinceras: ¿no te parece, en cierto modo, indebida esa aseveración, aunque parezca bonita?

El versículo con el que inicié este capítulo describe a esa mujer virtuosa como «bienaventurada». Cuando la Biblia emplea este término se refiere a feliz, bendecida, próspera, exitosa, derecha, ejemplar, satisfecha. Originalmente significaba «ser ejemplar». Un hijo cuya madre se siente feliz, próspera y satisfecha de ser su madre, vive la plenitud de sentirse amado y cuidado.

Ya sé que todas anhelamos tener una buena relación con nuestros hijos y que deseamos ganarnos su confianza, respeto y admiración. Pero hay una palabra clave que no podemos perder de vista: papeles, esas pautas necesarias que determinan acciones, comportamientos y relaciones dependiendo de la situación y el momento. Cada uno de ellos aporta aspectos importantes que nos ayudan a desarrollarnos de una manera sana.

Ser padres y ser amigos son papeles diferentes. Ser una buena madre no significa convertirte en la mejor amiga de tus hijos ni complacerlos siempre en todo, sino enseñarles a convertirse en adultos. Nuestro papel como madres es diferente al papel de tus hijos, y por el bienestar de ellos es relevante establecer y mantener esa diferencia lo más clara posible, independientemente de la opinión que ellos puedan tener de nosotras.

Hasta que mis hijos no sean adultos, yo no soy su amiga. No estamos en el mismo nivel. Yo soy la autoridad, junto con su padre. Como madres podemos hablar, reír, escuchar y pasar un tiempo divertido sin cruzar las líneas de la familiaridad. Cuando esto ocurre, se pierde el concepto de mamá y no hay respeto. No puedes ser su amiga, porque eso representaría ser iguales y no lo son. Y eso es sobre todo aplicable a los adolescentes, puesto que necesitan una figura de autoridad para no perder el control.

Los amigos no reemplazan a los padres, ni los padres reemplazan a los amigos. Los amigos son «los iguales», aquellos con quienes comparten gustos, experiencias e intereses. Son fundamentales en el desarrollo, especialmente en la infancia y la adolescencia, etapas en las que forjan su identidad, pulen y descubren quiénes son. De ellos aprenden y en ellos se refugian. Los amigos son una figura irreemplazable y necesaria.

Por su parte, los padres son las personas más influyentes en las vidas de los hijos. Por tanto, debemos mantener los límites claros desde el papel de autoridad y, al mismo tiempo, hacerlo sin perder su confianza. Hay que mantener el equilibrio y no llegar jamás a los extremos de autoritarismo o falta de respeto.

Observa la manera en que la psicóloga Mamen Jiménez, en su artículo «Ser o no ser amigos de nuestros hijos»[6], profundiza sobre este aspecto:

Los niños necesitan saber que estamos ahí, llueva o truene, y que tenemos herramientas que no tienen sus amigos para resolver problemas, para darles calma, para aprender... Porque tenemos una cosa muy bonita: edad y experiencia.

Nuestros hijos necesitan que haya alguien con una linterna que les alumbre en este camino tan complejo que es crecer. Necesitan que les expliquemos el mundo, que les avisemos de los peligros... y que les recojamos cuando caigan en ellos (porque no, no hay que sobreprotegerles).

Como parte de su desarrollo también necesitan darse cuenta de que los padres no somos superhéroes, que cometemos errores, que metemos la pata, y mucho (eso suele darse en la adolescencia). Y que no pasa nada.

Si rompemos la línea que separa los papeles de padres y amigos quizá estemos haciendo que se pierdan algunos aspectos positivos del papel de padres... e incluso podemos hacerles pasarlo mal por ello.

Porque puedes contarle a una amiga lo mal que lo estás pasando en el trabajo, pero no lo hagas con tus hijos, al menos no con ese detalle, con la misma profundidad, porque no tienen capacidad emocional para gestionar problemas adultos, y lo que puedes conseguir es preocuparles y que tengan la sensación de que mamá está mal.

Por ejemplo, un estudio realizado sobre la relación entre madres e hijas tras un divorcio puso de manifiesto que las adolescentes mostraban malestar emocional y estrés cuando sus madres las habían hecho partícipes de sus problemas a nivel laboral, personal, etc.

La maternidad, nos guste o no, tiene una función de liderazgo y autoridad que requiere amor y respeto. No es saludable ser amigo de tus hijos porque los confunde, lo cual no te ayudará a la hora de corregir, disciplinar y negociar con tu hijo.

Por eso, lo mejor que puedes hacer es practicar la empatía, esa capacidad de ponerse en los zapatos de tu hijo, como un paso imprescindible para lograr esa conexión emocional. Promueve siempre canales de comunicación en los que predomine la confianza. Enfoca el mundo desde su óptica para poder comprender y después guiar y educar. No puedes lograr esto desde tus impulsos o necesidad de control. Disfruta cada momento con ellos. Sin embargo, no pierdas de vista que ellos han llegado al mundo para volar, por lo que jamás debes cortarles las alas.

Anhela tú también tener amigas; todas necesitamos amigas en nuestra vida. La amistad es muy valiosa. Pero no puedes exigir una amistad genuina si no eres una persona que tiene verdadero interés en relacionarse. Cultiva, agradece y valora a tus amigas. Es tiempo de cultivar la amistad y continuar tu papel de madre con tus hijos.

Mi momento
de reflexión

1. Puesto que soy su madre y no soy su amiga voy a:

   _____

   _____.

2. ¿Qué debo hacer para delimitar bien mi papel?

   _____

   _____.

3. ¿Hay algún aspecto en el que no estoy ejerciendo bien mi papel de madre?

   _____

   _____.

4. Mi aprendizaje de hoy es:

   _____

   _____.

5. Mi oración de hoy es:

   _____

   _____.

#MadreEsMásQueAmiga

Capítulo 10
MADRE POR ADOPCIÓN

«Al final, el que un niño sea propio o no está determinado simplemente por la forma de sentir de un padre, independientemente de dónde o cómo tuvo lugar la diferenciación de gametos o el desarrollo fetal».

Lee M. Silver

No es importante si eres o no madre biológica; para el corazón, eres madre. Tengo una muy querida amiga que, después de varios intentos fallidos para quedarse embarazada, tomó la determinación de adoptar. Recuerdo la alegría y celebración con las que recibieron al niño. Al cabo de un tiempo, para su sorpresa, se quedó embarazada. Alguien le preguntó: «¿Y qué harás?, ¿te quedarás con los dos?». Esa pregunta fue como un insulto, puesto que para mi amiga esa era la llegada de su segundo hijo; el primero nació en el corazón.

Tengo la bendición de relacionarme aún con ellos y veo cómo ambos chicos se aman y respetan por igual. Pero tengo que aclarar que esto no surge de algo místico o mágico. Se han establecido reglas, y una de ellas, que todos los padres deberíamos establecer, es que nadie se burla de nadie. No están obligados a jugar juntos; cada niño puede disfrutar su decisión de cómo y a qué quiere jugar. Los padres somos mediadores de los conflictos, pero los hermanos tendrán que aprender a llegar a la resolución de los mismos.

Estudié mi bachillerato en la Universidad de Puerto Rico y obtuve un grado académico en Trabajo Social. Recuerdo que mi primer empleo fue en el Departamento de la Familia. Mi función, para ese entonces, era recibir los casos asignados de los niños removidos de sus hogares por alguna situación de maltrato bajo investigación con el fin de la reunificación familiar.

Uno de los primeros casos asignados fue el de un niño de apenas cinco años que fue encontrado en un automóvil con su mamá, quien estaba bajo el efecto de sustancias controladas. Al momento de la remoción de la custodia de su madre, el menor fue ubicado en un hogar sustituto hasta que mamá estuviera en las condiciones requeridas para la reunificación con su hijo. La triste historia es que la madre desapareció y nunca reclamó a su hijo. La enfermedad de la adicción a sustancias controladas no le permitió disfrutar de ver crecer a su hijo.

Como trabajadora social asignada al caso, era parte de mi responsabilidad visitar al menor y velar por las necesidades básicas hasta que algún familiar fuese localizado. El niño me veía constantemente y llegamos a tener una relación muy cercana. Yo me había graduado de la universidad hacía poco tiempo, estaba recién casada y no tenía hijos. Así que llegó un momento en que él tenía un afecto especial por mí y yo tenía un amor muy especial por él.

Un día, mi supervisora inmediata me llamó y me comunicó que finalmente habían logrado contactar con los abuelos paternos y que estos estaban interesados en la custodia del niño. Se podrán imaginar cómo estaba. Me sentía devastada. Tenía una mezcla de emociones: estaba feliz porque finalmente el niño podría estar con su familia, pero eso significaba que ya no lo vería más. Y llegó el día de recoger al niño, quien en su inocencia tan hermosa me recibió con un abrazo tan fuerte que aún hoy, después de más de 20 años, puedo sentir ese apretón en el cuello con sus manitas.

Conocí a sus abuelos paternos y son personas encantadoras. Ellos, al ver mi rostro y el rostro del niño cuando nos despedimos, expresaron gratitud porque pudieron identificar que mi corazón preservó la vida de ese chiquito. Después de unos largos años me buscaron en las redes sociales y contactaron conmigo. Yo ya no trabajaba para el Departamento de la Familia, pero me comentaron que el niño me recordaba y preguntaba por mí. Lloré por largos días. Hoy es un joven guapo con un hijo.

No puedo contarte mucho más de esta historia. Lo que sí puedo decirte, y espero que sea de bendición, es que aprendí que los niños son de Dios, y que Él puede hablarte a través de ellos. Nunca menosprecies su valor. Y si Dios te da la bendición de estar cerca de uno, ya sea como familia, por trabajo o ministerio, sé excelente en su trato con él. Cada niño carga una palabra llena de promesas, y que tú y yo podamos ser parte de su vida es una gran bendición.

Tal vez no eres madre biológica, o lo eres y anhelas en tu corazón tener otro hijo que aún no ha llegado. Si estás considerando la adopción, medita y ora por esta decisión, pero no dejes de considerar la alternativa de ser madre de corazón. No cuestiones a Dios porque no hayas recibido un bebé de manera biológica. En algún lugar hay un niño esperándote, deseando recibir todo el amor que tú estás lista para dar. No tengas miedo; Dios guiará tus pasos. Tus oídos escucharán su voz. Así como la experiencia de miles de mujeres que han adoptado, la tuya puede ser maravillosa.

Cada país tiene diferentes procesos para la adopción, y existen muchas otras maneras de ser de bendición en la vida de un niño. Mis padres emplearon una estrategia que me gustaría mostrártela. Todos sabemos que el regreso a la escuela puede ser un factor de estrés económico para una familia. Por eso, en esas temporadas, mis padres seleccionaban a varios niños de la comunidad para apoyar a su familia con la compra de efectos escolares. De igual manera lo hacían en la época de Navidad.

Tal vez en este momento no estés en una posición que te permita apoyar económicamente a una familia, pero sí puedes orar y tomar tiempo para cuidar a un niño y que los padres tengan un tiempo de calidad. También existen albergues para niños en los que puedes ofrecer labor voluntaria. Quizás eres tía o abuela, y tienes el regalo maravilloso, de parte de Dios, de ser una parte fundamental en el proceso de desarrollo integral de ese niño.

MADRASTRA DE LAS BUENAS

Vivimos en un tiempo en que las familias compuestas están en crecimiento. Si decides tener una relación con un hombre que tiene hijos, es importante que seas consciente de que esos niños serán parte de tu vida, y de que en adelante ocuparás el papel de madrastra. Así como cuando hablamos del papel de padres y el papel de amigos entendimos sus diferencias, de la misma forma tenemos que entender que, por feo que nos parezca, una madrastra no es la sustituta de la madre, ni una amiga, ni una tía. Es simplemente eso: la madrastra.

Tal como sugiere la psicóloga Sara Tarrés: «Hoy hablamos de madrastras ya no como esas malas madres, esas figuras terribles y destructivas, sino de esas mujeres que acogen y se hacen cargo de unos niños producto de un matrimonio anterior de sus actuales parejas. No hay un papel de madrastra único, al menos esa es mi opinión. Creo que no hay reglas que digan: serás una buena madrastra si haces esto o lo otro. Creo que el papel de la madrastra lo define cada una (o cada familia) en función de su situación, sus necesidades, su tipo de familia… Y cada una intentamos hacerlo lo mejor posible»[7].

Además, tener claro ese papel te provee ventajas[8] como:

- Evitar conflictos con la madre, que ya de por sí (y muchas veces de forma natural) te ve como una competencia o como una usurpadora. Que ella vea que tú estás en tu sitio evitará que tenga que marcar su territorio y, por tanto, estarás evitando nuevos conflictos (o reduciendo el nivel de conflictividad). A veces no es tan importante tener razón como tener paz. Y cuando hay paz las cosas caen por su propio peso.

- Evitar conflictos con tus hijastros, porque no te verán como una «sustituta» de su madre, sino como «otra persona». Evitarás conflictos de lealtades por parte de estos y también que se pongan a la defensiva porque te perciban como una «usurpadora».
- Salud mental para la madrastra. Todo lo anterior te permite gestionar tus expectativas: sabes hasta dónde puedes llegar y hasta dónde no. Entender tu papel y tu lugar te libera de muchísimos problemas y de mucho estrés.

Hago énfasis en esto porque parte de mi historia es que tuve una madrastra; bueno… varias. Pero yo me relacioné más con una, quien todavía es la esposa de mi padre biológico. Fui criada por lo que la sociedad llama un padrastro, aunque, para ser sincera, me duele llamarlo así, porque para mí es mi papá, mi papito querido, y siempre lo será. Lo conozco desde los dos años y es un regalo del cielo para mí. Te cuento esto porque, si eres madre soltera, cuando eliges pareja para ti, también eliges a alguien que formará parte de las vidas de tus hijos.

Volviendo a mi madrastra, tengo que confesarte que siempre me trató con amor y respeto. Era difícil para mí, como adolescente, dejar a mis padres y mis hermanas para pasar un fin de semana con ella, porque en realidad ella era la que más estaba en la casa; pero sus cuidados conmigo cultivaron agradecimiento y cariño hacia su persona.

Hace unos años, lastimosamente, su madre falleció, y cuando me enteré, quise estar presente para apoyarla en ese momento de dolor. Nadie tuvo que pedirme que lo hiciera, y no lo hice porque me sintiera obligada; esta acción nació de forma natural. Cuando tú siembras amor en el corazón de una niña como lo fui yo, eso jamás se olvida, y cuando ella me necesite o me pida algo, tanto mi mamá como yo estaremos presentes para ella.

Ella nunca pretendió reemplazar a mi mamá. Siempre mantuvo el respeto hacia ella, y eso hizo que yo la respetara también.

Ahora que soy adulta, soy consciente de que tal vez para ella no fue fácil compartir su tiempo personal conmigo. Quizás le hubiera apetecido hacer alguna otra cosa, pero siempre trató de cocinar algo especial o tener un detalle conmigo; en fin, mostrar amor. Ninguna de las dos nos imaginamos entonces que, más de treinta años después, ella todavía podía contar conmigo y que, de alguna manera, podía seguir siendo una influencia en mi vida.

Amiga, tal vez pienses que es imposible que tus hijastros se expresen así de ti algún día. Pero te animo a que inviertas tiempo y amor en ellos. Decide disfrutar la bendición de ser parte de la vida de otro. Puede que algún día mencionen que tu aportación a sus vidas fue muy valiosa.

Mi momento
de reflexión

1. El amor de una madre es…

   _____

   _____.

2. Puedo ser una colaboradora del reino de Dios de la siguiente manera:

   _____

   _____.

3. Hoy puedo bendecir a un niño de esta manera:

   _____

   _____.

4. Mi aprendizaje de hoy es:

   _____

   _____.

5. Mi oración de hoy es:

   _____

   _____.

#MadreDeCorazón / #MadrePorAdopción /
#LaMadrastraTambiénEsMadre

Capítulo 11
SÉ UN MODELO

«Los niños son educados por lo que el adulto es y no por lo que habla».

Carl Jung

Un modelo a seguir es alguien que posee cualidades que otro anhela imitar y aprender. Es una persona que tiene un efecto en la vida de otro. Todos, de una manera u otra, directa o indirectamente, somos vistos y causamos un efecto en alguien más, y dependiendo de cómo seamos, así será el resultado de lo que producimos. Como madres, somos modelos a seguir para nuestros hijos; somos su estándar, la vara con la que se miden. Pero sin duda alguna, esto no puede darse, ni tenemos autoridad para exigirles, si no somos un ejemplo.

Nuestras actitudes y comportamientos gritan más que nuestras palabras. Por eso, es vital cuidar la manera en que nos comportamos y reaccionamos ante las diferentes situaciones, puesto que la comunicación no verbal tiene una influencia poderosa en el ejemplo que les damos a nuestros hijos. Parece sencillo, pero incluso la forma en que miras a los demás, los gestos que haces cuando algo te disgusta o la manera en que hablas de otros cuando no están junto a ti, les comunica algo a tus hijos. Todo lo que expresas sin hablar también marca la pauta de cómo ellos lo harán cuando se encuentren en la misma situación.

Una madre emocionalmente saludable no debería proyectar a sus hijos que no tiene sentimientos ni intentar parecer fuerte todo el tiempo; por el contrario, es necesario enseñarles que las emociones no son algo malo, que son parte del diseño de Dios para nuestras vidas y que necesitamos aprender a conocerlas saludablemente. Los niños no nacen con el conocimiento de la existencia del amor, el miedo, el odio ni otras emociones; nosotros se lo brindamos. Debemos entender que las emociones son parte de nuestros mecanismos de vida y que las necesitamos en nuestro diario vivir. Lo vital es tener un manejo adecuado de cada una de ellas.

En nuestra realidad diaria puede ser que en alguna ocasión no seamos los mejores ejemplos a seguir. Esto muestra humanidad. Siempre podemos rectificar, ser transparentes y sinceras con nuestros hijos. Si en un momento determinado has tenido una actitud inapropiada, toma un tiempo para conversar sobre el asunto; reconoce tu falta y pide perdón si es necesario. Esto muestra que tu hijo te importa, y le enseñas que Dios nos dio las emociones y que necesitamos aprender a manejarlas de manera adecuada.

Algunas madres, con la intención de que sus hijos obedezcan, utilizan amenazas e intimidación con expresiones «inocentes» y «cotidianas» como: «Cuidado, que el monstruo te lleva» o «Ahí viene el coco». Y lo que es peor, emplean equivocadamente figuras de autoridad para sus objetivos, con frases como: «Si no te lo comes, te viene a buscar la policía», «Se lo voy a decir a tu profesora», o alguna otra frase que seguro viene a tu mente en este momento. Lo lamentable es que, a través de estas y otras expresiones, les están enseñando a sus hijos el miedo en vez del respeto. Están moldeando en ellos la emoción errónea.

Si este es tu caso, recuerda que los niños nacen sin conocer el miedo y que, a través de algo tan simple como lo que te acabo de decir, estás creando en tus hijos algo que a largo plazo puede ser contraproducente. Si quieres que ellos te obedezcan, sé firme y clara con las instrucciones, utiliza los ejemplos y las recompensas, enséñales el respeto y no el miedo.

No podemos pedirles a nuestros hijos que sean quienes nosotras mismas no somos ni que hagan algo que nosotras mismas no hacemos. No puedes decirle a tu hijo que no mienta si te ve mintiendo en diferentes escenarios de la vida. No puedes estar justificando este comportamiento con excusas baratas ni minimizar la mentira tratándola de «mentirijilla». No hay tal cosa como mentiras blancas, mentiras piadosas o mentirijillas; la mentira es mentira y punto.

Lo mismo ocurre con la enseñanza del resto de valores y principios. No es posible fomentar en ellos el amor al prójimo, la cooperación, la empatía, la lealtad o la sinceridad si cuando llegas a casa solo te escuchan murmurar, criticar o hablar mal de tus amigos, jefes, compañeros de trabajo o hermanos en la fe. No críes murmuradores e hipócritas a través de lo que muestras con tu estilo de vida.

Por mi experiencia como maestra, puedo decirte con toda certeza que en una clase típica puede observarse cómo los niños manejan las emociones, los comportamientos y las reglas en el hogar. Nuestros hijos reflejan nuestras reglas y costumbres en su clase y en sus relaciones con profesores y amigos. Si en tu casa no hay límites y cada uno hace lo que quiere, o se educa mediante gritos e imposición, eso se verá, incluso en los momentos de juego. Necesitamos ser madres que mostremos con nuestra vida, más que con nuestras palabras, que las reglas son parte de nuestro diario vivir y que son necesarias para la sana convivencia y el orden.

María José Roldán, psicopedagoga y escritora especialista en temas de maternidad, en su artículo «Ocho formas simples de ser un buen ejemplo para tus hijos»[9], expone algunas maneras sencillas de modelar comportamientos saludables en nuestros hijos. Quiero darte algunas de sus ideas para reforzar la importancia de ser un buen modelo para ellos y su futuro.

- *Sostén la puerta a otras personas en un lugar público.* Este es un gesto simple que puedes hacer en cualquier lugar y que transmite muchos más valores de lo que imaginas. También puedes aplicarlo ayudando a alguien a cruzar la calle, llevando las bolsas de una persona mayor o cediendo tu silla a una persona que la necesite más, entre muchas otras maneras sencillas y creativas de enseñar principios sin decir una sola palabra.

- *Cuidar de un ser vivo.* Es probable que tu hijo te haya pedido tener un perrito, un pajarito o cualquier otra mascota, porque todos los niños en algún momento desean tener una. Pero, si por diferentes motivos, no puedes dársela, procura buscar la forma de enseñarle diariamente el cuidado y el afecto por los seres vivos. Esto les dará un valioso ejemplo.

- *Ser amantes de la lectura.* La lectura es uno de los mejores hábitos que puedes inculcar en tus hijos. Cuando los míos eran pequeños, me encantaba llevarlos a las librerías y verlos navegar entre los estantes, mirando los libros y algunas veces llevando unos cuantos a casa. Enséñales siempre a tus hijos cosas interesantes que hayas aprendido durante una lectura, muéstrales el libro que estás leyendo y motívales a empezar a leer alguno. Un buen momento es justo antes de ir a la cama. ¡Qué bueno sería si nos vieran con más libros y menos tecnología en la mano!

- *Diviértete.* Permite a tus hijos saber que es aceptable pasarlo bien cada día, disfrutando de los días soleados, los días de nieve o los días lluviosos. Hay muchos adultos que se molestan porque está lloviendo, cuando lo cierto es que la lluvia es necesaria para todos los seres vivos. Estar siempre molesta con cara de «limón amargado» no es una buena opción; cambia el chip. ¡Qué bien se pasa con alguien alegre y con un buen sentido del humor! Es una actitud admirable ante la vida y una virtud que se debe conservar. Deja a un lado los comentarios sarcásticos que, aunque a ti te parezcan muy inteligentes, son una forma pasivo-agresiva de comunicarte. No es una buena idea reírte *de* los demás, pero si reírte *con* los demás.

- *Ten un estilo de vida saludable.* Vivimos en una sociedad que nos impulsa a consumir comida no saludable, y nuestro estilo de vida se ha vuelto cada vez más sedentario, pasando horas sentados en un escritorio frente a la computadora. Sin embargo, modelar un estilo de vida saludable en nuestros hijos es beneficioso tanto para ellos como para nosotros. Te voy a hacer una pequeña confesión: no me gusta hacer ejercicio; nunca me ha gustado. ¡Ay, si mi mamá te contara…! Sin embargo, durante la pandemia, estar todos encerrados era sofocante, así que desarrollé la rutina de salir a caminar. Y ha sido estupendo, porque a mi hija le gusta mucho y, cuando viene conmigo, además de caminar fomentamos conversaciones interesantes, respiramos aire puro y contemplamos juntas la naturaleza.

- *Ten amigos verdaderos.* Muestra a tu hijo la importancia de escoger bien las amistades. Enséñales cómo interactúas con tus amigos, hazles ver si realmente son personas que aportan algo a tu vida. Tus hijos se darán cuenta de si verdaderamente tienes amigos en tu vida o si en los momentos más importantes estás solo. Hace poco enfermé, y fue hermoso que mis hijos vieran cómo mis amigas llegaban a la puerta de mi casa con alimentos, unas sopitas y una ofrenda especial.
- *Sé una consumidora responsable.* La publicidad, el consumismo y el estilo de vida moderno nos llevan a comprar cosas que muchas veces no necesitamos ni vamos a usar. Estoy segura de que si yo pudiera ver tu guardarropa ahora mismo encontraría cosas que no usas y que no te sirven. Saca de tu casa todo aquello que ya no utilizas y dónalo, regálalo, véndelo o recíclalo. Tus hijos necesitan ver a una madre que trabaja con un plan y un presupuesto, y que es una compradora inteligente y no una compradora impulsiva.

Un buen mayordomo pide a Dios sabiduría para usar bien sus recursos; uno malo gasta todo desordenadamente. Jesús habló de dinero y bienes más que de otro tema, y en sus parábolas enseñó principios de sabia administración y economía: «Junten lo que sobró para que no se pierda nada» (Juan 6:12). Aprovecha la oportunidad para hablar sobre la economía de Dios, que se basa en el principio de la siembra y la cosecha. Enséñales el poder de dar, y que dando escapamos de la codicia y la avaricia (Mateo 13:22; Lucas 18:22-24).

Dios quiere bendecir al dador y a su dádiva: «porque más bienaventurado es dar que recibir» (Hechos 20:35). Sin forzar a nadie, sin obligación y sin motivaciones egoístas, pues el amor nos impulsa a dar con alegría, y de acuerdo a esto viene la retribución (2 Corintios 9:7-8). La Escritura nos insta a ayudar a otros con la abundancia que Dios nos da (Isaías 58:7-10; Santiago 2:15-17).

Sin embargo, hay pobres que serán siempre pobres, pues lo gastan todo y luego piden prestado.

La pobreza no es en sí una condición social, sino una actitud mental. El problema no es la pobreza como falta de recursos, sino más bien la falta de disciplina y determinación para emprender acciones de prosperidad que nos lleven a vivir bajo los principios de un propósito, presupuesto y potencial.

Antes de finalizar, quiero ofrecerte una historia interesante narrada por el escritor estadounidense Tim Elmore[10].

HAZLO TÚ ANTES DE PEDIRLES A ELLOS QUE LO HAGAN

Cuentan que Mahatma Gandhi, allá por los años 40, mientras estaba en la India liderando aquella revolución pacífica, recibió la visita de una mujer acompañada de una niña pequeña. Esta mujer le dijo:

— Gandhi, mi hija come muchos dulces. Dile que deje de comer tanto azúcar.

Él se quedó pensando y respondió:

— No, vuelve en dos semanas.

— ¿Por qué? ¡Díselo ahora!
— No, vuelve en dos semanas.
— De acuerdo —respondió, y se fue.
Dos semanas después volvió con su hija y le dijo:
— ¿Se lo dirás ahora?
Esta vez, Gandhi se agachó, la miró a los ojos y le dijo:
— Deja de comer tanto azúcar.
La niña aceptó y se fue. Entonces la madre dijo:
—¿Por qué no se lo dijiste hace dos semanas?
Muy sabiamente, Gandhi le respondió:
— Porque hace dos semanas yo había comido mucho azúcar.

Lo que quería decir era: «No quiero dar lecciones sin aplicarme yo el cuento». Creo que los profesores, los empresarios y los padres debemos también «aplicarnos el cuento». Si nos enfadamos con ellos, mirémonos antes al espejo y preguntémonos: ¿estoy siendo un buen ejemplo para ellos?

Susan Peters dijo una vez: «Los niños tienen más posibilidades de crecer si sus padres han crecido primero». Lo que eso quiere decir es que no esperes que tus hijos maduren si tú eres una madre inmadura. Muchos niños dicen: «Nunca hablo con mi madre, se pasa el día en Facebook o en Instagram». ¿Cómo esperamos criarlos bien si nosotros hacemos lo mismo por lo que les regañamos? Debemos asegurarnos de ser un modelo a seguir.

Mi momento de reflexión

1. Acepto todas mis emociones porque…

   _____
   _____.

2. Soy ejemplo de…

   _____
   _____.

3. Tengo que mejorar la manera en que…

   _____
   _____.

4. ¿Qué hábitos tengo que no quiero que mis hijos adopten?

   _____
   _____.

5. Mi plan para cambiarlos es…

   _____
   _____.

#ModeloDeMadre

Capítulo 12

EL CLUB DE LAS
MALAS MADRES

«Determinarás asimismo una cosa, y te será firme,
y sobre tus caminos resplandecerá luz».

Job 22:28, RVR60

Una de las habilidades necesarias para ganar una pelea de boxeo es saber mantener la guardia: tener las manos arriba cubriendo, protegiendo y evitando los golpes. Así mismo sucede con la vida. Tu oponente no necesariamente tiene que ser una persona; puede ser una circunstancia, un evento o una enfermedad, entre otras cosas. Pero por más golpes que vayas a recibir, no te van a tumbar si no bajas la guardia. En el momento en que lo hagas, te expones a que tu oponente se aproveche de la oportunidad y caigas.

Nada ni nadie puede tomar el dominio y control que Dios estableció para la vida de tus hijos. Pero tú y yo hemos sido llamadas a no bajar la guardia por los nuestros; a estar siempre alerta.

Podemos sentirnos tentadas, cansadas y frustradas, pero no caigas en el error de conformarte con eso. No dejes atrás la estructura y el orden. Yo sé que el desorden compite fuertemente contra nosotras, pero más puede el amor de una madre. No te des por vencida. Charles Paddock dijo: «El amor de una madre no contempla lo imposible».

Tú eres única, eres especial, eres una madre fenomenal. Para el mundo eres una madre, pero para tu familia eres el mundo.

Eres una campeona, y en el cuadrilátero de la vida está a tu lado el gran Yo Soy. Puedes sentir que esta batalla nunca termina, pero tengo noticias para ti: toda prueba tiene final, ninguna lucha es eterna y estás del lado ganador.

Si por querer lo mejor para tus hijos te dijeron mala madre, ignora esas palabras y únete a mi grupo de amigas, llamado: «Soy mala madre, ¿y qué?».

Desde los cinco años mis hijos comenzaron con sus tareas y responsabilidades. Hoy tienen trece y diecinueve años, y cada uno de ellos limpia su cuarto, lava su ropa y se preocupa por lo que le corresponde. Claro que hay días que no quisieron hacerlo, pero la «mala madre» no bajó la guardia, y hoy estoy recibiendo la recompensa por el esfuerzo, el trabajo y la perseverancia. Ese esfuerzo diario me costó insultos, lágrimas, noches sin dormir y enojo; pero esos días no opacaron mi realidad, que es también la tuya. La realidad de que tú tienes el dominio y el poder sobre las situaciones, y ni las situaciones ni tus hijos podrán controlarte a ti.

Ahora bien, es fundamental mantener el equilibrio entre cuidar y sobreproteger, porque todo en exceso hace daño. Como madres debemos entender y ser conscientes de que el futuro de los hijos no está únicamente en manos de sus padres. Si bien es cierto que somos su guía, apoyo y ejemplo a seguir, al final del día ellos son los que tomarán las decisiones de sus vidas. Este entendimiento hará más liviana nuestra tarea y evitará sentimientos de apego que podrían generar sufrimiento en ambas partes. Sé que como madres nos duele ver a nuestros hijos sufrir cuando se enfrentan a situaciones difíciles o toman malas decisiones; pero ellos aprenderán de sus errores.

Te confieso que, aunque mis hijos ya no son pequeños, todavía estoy aprendiendo a no ser una madre sobreprotectora. De hecho, creo que a medida que van creciendo y son más independientes, mantener el equilibrio se hace más complicado. Por eso te muestro algunos consejos que estoy aprendiendo y aplicando con los míos.

- *Aprende a confiar y establece límites.* Permíteles demostrarte que puedes confiar en ellos. Pon a prueba la confianza dándoles cierta libertad, pero con algunos límites que les demuestren que hay un tiempo, un lugar y una forma apropiada para todo. Si son mayores, por ejemplo, entrégales un presupuesto para que puedan ir a una tienda y escoger su propia ropa; si son más pequeños, busca algún otro tipo de prueba que se adapte a su nivel de madurez. Delega tareas y responsabilidades de acuerdo a su edad; crea objetivos y metas que deban cumplir y recompénsalos si lo consiguen. La confianza se gana, por lo que debes permitirle a tu hijo que, con su trabajo y esfuerzo, se gane la tuya.

- *Mantente alerta, pero no seas una espía.* Yo te entiendo perfectamente: mis hijos son mis bebés grandes y lo serán siempre. Queremos saberlo todo, conocerlo todo, entenderlo todo; pero debemos ser conscientes de que nuestros hijos han crecido y son capaces de desarrollar sus propios juicios ante la vida. Confía en los principios que les has enseñado y procura tener una comunicación fluida con ellos. Sé abierta para hablar sobre todo tipo de temas, y no dejes que sean los amigos o los *influencers* quienes den respuesta a sus preguntas. No seas una espía que agobia todo el tiempo diciéndoles qué y cómo deben hacer las cosas. Ellos tienen su criterio propio, aun cuando a veces no te guste para nada.

- *No les traslades tus miedos.* Tú ya sabes cuántas de nosotras tenemos miedos que son de otros; temores inculcados por cosas que posiblemente ni siquiera nos afectan ni nos van a suceder. Y sí, es normal que tengas miedo de que a tu hijo le suceda algo malo, pero no puedes permitir que eso te paralice a ti y lo limite a él. Aprende a desprenderte de tus miedos y vencerlos. Déjalo lanzarse en el tobogán, que se ensucie con la arena, que salga con sus amigos y vuelva a la hora que le indiques, que asuma retos, que tome riesgos controlados. De esa forma harás de tu hijo una persona segura ante la vida.

Tendrás días en los que sentirás que no vas a poder continuar, días en que estarás sumamente cansada o desanimada. Porque ser madre está «de madre»; es una gran responsabilidad, y bien agotadora. Es cierto. Pero Dios, juntamente con ese día lleno de retos, te dará la fortaleza para continuar. La oscuridad de la noche no será eterna; el sol brillante llegará e iluminará un nuevo día lleno de esperanza. No te rindas. Vive con la esperanza de que verás los resultados maravillosos de tu esfuerzo y trabajo. Dios está a tu lado y te sostiene con su mano llena de fuerza y amor. No estás sola. Dios está contigo.

No eres una mala madre, y si eso es lo que te dicen… ¡únete al club!

Mi momento de reflexión

1. ¿Cómo afectó mi método de disciplina a algún momento en que cedí a la presión de mi hijo?

   _____

   _____.

2. Escribiré una lista de estrategias que me han funcionado para mantener la disciplina.

   _____

   _____

   _____.

3. Mi aprendizaje de hoy es:

   _____

   _____.

4. Mi oración de hoy es:

   _____

   _____.

#MalaMadreYQué

Capítulo 13
MADRE DE VALOR

«La felicidad está en la alegría del logro y la emoción
del esfuerzo creativo».

Franklin D. Roosevelt

El valor de algo o de alguien solo puede ser establecido por su creador. Para un artista, un cuadro pintado por él tiene el valor que él mismo le otorga. Si alguien que no sabe mucho de arte observa ese cuadro y no le encuentra valor ni le parece que tenga sentido, sencillamente es porque no fue diseñado por él y desconoce el esfuerzo y el cariño con los que fue elaborado.

Dios es el diseñador y creador de cada una de nosotras. Para Él, el valor de nuestras vidas es de suma importancia, y no está definido por lo que hacemos ni por lo que podemos alcanzar. Él simplemente nos ama y valora porque sabe el cuidado con el que nos creó y puso propósito en nosotras.

A causa de nuestra naturaleza humana, y en ocasiones motivadas por los principios que rigen nuestra cultura, tendemos a darle más valor al resultado que a quien lo obtuvo. Vivimos en una sociedad en la que el rango y la importancia se establecen por la cantidad de posesiones, de actividades y de logros alcanzados; son los resultados los que definen el valor de las personas. Erróneamente, muchas mujeres están trasladando esa misma escala de valor a su papel maternal, valorando a sus hijos por lo que estos logran hacer. Pero quiero recordarte que el valor de tus hijos no viene determinado por una calificación escolar, un título universitario, una medalla o un cuadro de honor. Tus hijos tienen valor por lo que son, personas que necesitan que las ames independientemente de sus logros y fracasos.

La identidad de tu hijo o la tuya propia no están basadas en lo que hacen. La identidad de Dios en nosotros se basa en lo que Él hizo por nosotros por amor. Si ese punto no está claro podemos fácilmente caer en la comparación, y como leímos antes la comparación hiere y destruye la identidad y la autoestima de tu hijo. Recuerda que la comparación puede ser un vehículo que nos lleve a la envidia, que a su vez produce descontento, queja y falta de salud emocional.

Ten cuidado con darles cabida a esos pensamientos y emociones. Esto nubla tu perspectiva saludable y no te permite ser feliz y disfrutar de la bendición que tienes frente a tus ojos. Todos los niños florecen de forma diferente, ¡y está bien!

Durante un tiempo trabajé como directora escolar, y era lamentable ver los rostros tristes de los niños cuando sus padres llegaban tarde o simplemente no acudían a los eventos de reconocimiento académico. Era doloroso ver sus caritas cuando salían corriendo hacia sus padres con el logro obtenido y no había una celebración por parte de la familia, porque sencillamente ese no era el reconocimiento que ellos querían.

Como madre les enseñé a mis hijos el concepto del esfuerzo razonable. Ellos tenían que demostrar con sus acciones que habían hecho su mejor esfuerzo, y ese esfuerzo tenía una recompensa. Les expliqué que la inteligencia ha sido medida por los hombres para suplir sus necesidades, pero que para su madre ellos son sumamente capaces de lograr todo lo que se proponen.

El valor de un ser humano no se mide por sus logros; está constituido por el amor incalculable de Dios. La identidad del creyente está basada en la vida de Dios en él. Cuando aprendemos esto, nada ni nadie nos define; entendemos que somos lo que somos por su gracia y no por lo que hacemos, tenemos o a quién conocemos (1 Corintios 15:10).

Cuando reconocemos esto, se mantiene en nosotros un eterno agradecimiento que genera una vida de adoración dirigida a Dios. Nada ni nadie puede completarme porque fui hecho completo en Él antes de que nada ni nadie viniera a mi vida (Colosenses 2:10). Esta verdad nos libera de la dependencia de la opinión de los demás para definir quiénes somos.

Esdras 10:4 nos dice: «Levántate, porque esta es tu obligación, y nosotros estaremos contigo; esfuérzate, y pon mano a la obra». Esta palabra está dicha con autoridad. Es una palabra que no pide permiso ni pregunta «¿Quieres levantarte?», sino que llama a la acción inmediata. Muchas veces nos escudamos en nuestro lamento o en un mar de lágrimas de justificación, sentido de culpa y miedo para, sencillamente, no levantarnos. Queremos responsabilizar a todo y a todos, cuando en realidad los únicos responsables somos nosotros mismos.

Eduquemos a nuestros hijos para esforzarse y poner todo su empeño, sin dejar las cosas a medias. Si comenzaron algo, anímalos a que lo terminen.

Todo lo que haces, lo haces porque ya eres, no para ser alguien. Tu *hacer* emana de tu *ser* y no a la inversa. El hacer es simplemente un medio para dar a conocer lo que eres por la gracia de Dios. Esta es la mejor forma para reflejar a Cristo en ti y para desarrollar y manifestar el máximo potencial de lo que ya eres en Él.

Esta reflexión tiene como intención alimentar tu valor en Dios, en tu vida personal, con tu familia y en esta sociedad en la que vives. No descuidemos nuestra privilegiada obligación, sino aceptemos con responsabilidad lo que a cada uno corresponde.

Mi momento
de reflexión

1. ¿Reconozco y celebro los pequeños y grandes logros de mis hijos de una manera que ellos reciban?

   _____

   _____.

2. ¿He ignorado algún esfuerzo de mis hijos?

   _____

   _____.

3. ¿Qué estoy haciendo para motivarlos a esforzarse?

   _____

   _____.

4. Mi aprendizaje de hoy es:

   _____

   _____.

5. Mi oración de hoy es:

   _____

   _____.

#MadreDeValor

Capítulo 14
FIRMEZA SABIA

*«Sobre todo, hermanos míos, no juren ni por el cielo
ni por la tierra ni por ninguna otra cosa.
Que su "sí" sea "sí", y su "no", "no",
para que no sean condenados».*

Santiago 5:12

Como madres debemos desarrollar carácter para decir que no y sabiduría para decir que sí. Claro que la tentación de cambiar de opinión está detrás de la oreja, pues no somos de hierro; somos madres de carne y hueso. Sin embargo, toma un tiempo y analiza las consecuencias que puede traer para ti, y en la formación de tus hijos, que cambies en múltiples ocasiones tus instrucciones o decisiones. Recuerda que la disciplina es amor. El amor genuino siempre es dulce y tierno. Tú puedes prevalecer sobre tus emociones y hacer lo debido.

Siempre tendremos espacio para cometer errores y comenzar de nuevo. Nadie dijo que no lo harías. Yo cometí varios, pero me perdoné, acepté el perdón de Dios y seguí adelante. Aprendí de los errores y busqué ayuda para mejorar esas áreas que necesitaba mejorar. No abandones tus momentos de meditación en la Palabra de Dios y tu tiempo de espiritualidad contemplativa; buscar esos momentos para hacer silencio y escuchar al Espíritu Santo trae edificación, exhortación y consolación. Recuerda que la información y el conocimiento te forman, pero solamente la sabiduría de Dios te transforma. La Palabra de Dios establece en Santiago 1:5 que, si te falta sabiduría, puedes pedirla a Dios. No tienes ni idea de cuántas veces pido sabiduría. Pídela tú también; créeme, Dios te la dará.

Para mejorar nuestros métodos de disciplina, mi esposo y yo establecimos una serie de acuerdos. Los llamamos «pactos de padres», y los primeros que tuvimos que respetarlos fuimos nosotros mismos. Por ejemplo, acordamos que cuando nuestros hijos van a pedir permiso para algo, se dirigen a su papá, aunque papá siempre consulta con mamá. Pero él no les dice: «Vete y pregúntale a tu mamá», porque hay un pacto que ya establecimos entre nosotros. Papá puede decirle, para ganar tiempo: «Voy a responder tu pregunta en algún momento».

Es necesario aclarar que cada estrategia debe evaluarse según la edad de tus hijos y las condiciones particulares de tu familia. En mi caso, otra estrategia que utilizo con mis hijos es que si hay alguna situación con la que ellos están en desacuerdo, planteen su punto de vista con calma y respeto; a continuación, reevaluamos la decisión todos juntos, porque la autoridad no grita. Una vez que yo escucho sus posturas y ellos escucharon la nuestra, como padres, decidimos. En algunas ocasiones ha ocurrido que ellos han traído un planteamiento que me invitó a reevaluar mi decisión, pero esto no ocurre todo el tiempo.

Cuando los padres cambiamos a menudo nuestras decisiones, mostramos ser inconstantes y proyectamos inseguridad sobre nuestros hijos. Inmediatamente, la manipulación puede tomar ventaja de esa situación. Hay que ser firme, pero no dominante; son los padres quienes deben estar a cargo de los hijos ejerciendo funciones de cuidado, guía y control, pero dentro de una relación de respeto por el niño.

Para lograr el equilibrio entre ser firme sin ser dominante, la psicóloga María Elena López ofrece las siguientes recomendaciones[11]:

- Comunícale a tu hijo qué es lo que esperas de él y la forma en que puede cumplir con ello. Si crees que es importante que se encargue de hacer su cama, enséñale cómo hacerlo más fácilmente.

- Sé constante y consecuente con las exigencias disciplinarias. Si le prohíbes salir a jugar antes de hacer las tareas, no cedas en esto.
- Establece acuerdos previos con tu pareja acerca de la educación de tus hijos para evitar desautorizarse mutuamente en presencia de ellos.
- Acude lo menos que puedas a las regañinas, las amenazas o los castigos físicos.
- Ten en cuenta la edad del niño para establecer límites, reglas o restricciones.
- Ante la necesidad de un castigo, mantén la calma para saber cuál es la mejor medida en ese caso. El propósito del castigo es educativo, no descargar la furia.
- Los discursos largos y los sermones no son eficaces. Mejor estimula las conversaciones francas y abiertas.
- Sé firme en la negativa a ceder ante las demandas sin razón de los niños o a complacerlos en cada uno de sus caprichos; es importante que aprendan que no siempre pueden hacer su voluntad o satisfacer sus deseos.
- Esfuérzate por conocer a cada uno de tus hijos y con seguridad encontrarás la forma más acertada de educarlos.
- Sé un buen ejemplo y testimonio de aquellos valores que deseas promover en tus hijos.

Mi momento de reflexión

1. Le pido a Dios que me dé sabiduría para…

   _____

   _____.

2. Tengo que mejorar la siguiente estrategia de disciplina:

   _____

   _____.

3. Tengo que perdonarme lo siguiente:

   _____

   _____.

4. Mi aprendizaje de hoy es:

   _____

   _____.

5. Mi oración de hoy es:

   _____

   _____.

#MadreSéSabia

Capítulo 15
EN EQUIPO Y
EQUIPADOS

*«Por lo tanto, pónganse toda la armadura de Dios,
para que cuando llegue el día malo puedan
resistir hasta el fin con firmeza».*

Efesios 6:13

Ningún soldado militante sale a la guerra sin una previa preparación física, mental y emocional. Y cada soldado debe enfrentar las batallas con su respectiva vestimenta; es decir, su armadura. La armadura tiene la importante labor de proteger el cuerpo del soldado ante un ataque que podría lastimarlo o incluso provocarle la muerte física.

Cada hijo se enfrentará a las lecciones de la vida de manera diferente. Con cada cumpleaños celebran las experiencias vividas y las que van a emprender. Si bien es cierto que cada uno tiene su propia personalidad, que van definiendo desde el embarazo, también es necesario que, como madres, los preparemos, equipemos y cubramos con la apropiada armadura de la fe. Debemos enseñarles a nuestros hijos la triste realidad de que estarán rodeados de personas que no han sido enseñadas como ellos, y tendrán que aprender a manejar cada situación.

Cuando mi hijo tenía siete años, se despertó en él el deseo de practicar algún deporte y comenzó con el taekwondo. Esta disciplina deportiva fue ideal para que no se fomentara en él la agresividad, puesto que no le enseñamos a que si recibía un golpe respondiera con un golpe, sino que, por el contrario, le enseñamos a esquivar el golpe y buscar ayuda. Con esta práctica comenzó a aprender a manejar sus emociones y lo equipamos para enfrentarse a la realidad de que hay padres que enseñan a golpear y a ser agresivos, pero que eso no es lo que fomentamos en nuestro hogar.

Al trabajar en una escuela, este tema siempre fue un reto para mí, porque muchísimos padres promueven la agresividad en vez de la búsqueda de la solución de los problemas. Esto, en un escenario educativo, es altamente violento para la seguridad de todos los estudiantes. Mi tarea, entonces, se hacía complicaba al tener que explicarle al adulto encargado que ese tipo de enseñanza no era aceptada. En ocasiones, algunos padres me querían golpear con la mirada. Al final del día tenía que aceptar esa instrucción.

Como padres tenemos una encomienda importante ante una sociedad llena de envidia, odio y enojo. Para mí, como madre, es fundamental hacer saber a mis hijos que en ocasiones es mejor evitar las confrontaciones. Evitar una confrontación no es cobardía: a veces es prudencia y, otras veces, inteligencia. También les enseño a mis hijos que ellos tienen la capacidad de elegir sus batallas, porque hay personas o situaciones que es mejor ignorar.

Además, es necesario enseñarles que es crucial orar y aprender a expresar adecuadamente nuestras emociones y pensamientos. No es saludable fomentar en nuestros hijos que eviten las situaciones por miedo o por temor a ser rechazados. Debemos educarlos para esperar el momento oportuno y manejar la situación con asertividad. Para esto, es necesario aprender a definir las emociones que sentimos y saber que Dios nos conoce. Deben entender que tenemos emociones porque fueron depositadas por Él.

Equipemos también a nuestros hijos para trabajar en equipo, sabiendo que de esta forma siempre se consiguen mayores beneficios, sea en tiempo, en esfuerzo o en calidad del resultado. Esto es fundamental, ya que con sus amigos, hermanos, familiares, compañeros de estudio o trabajo, y en los diferentes ámbitos de sus vidas, deberán ponerlo en práctica.

Hay muchas formas de fomentar el valor del trabajo en equipo, pero las labores cotidianas son las más propicias para ello. Recuerda que lo que reciban en casa será lo que reflejen fuera de ella.

Propiciar un ambiente de comunicación saludable en donde todas las opiniones son valiosas e importantes, incluyendo la suya, les enseña el respeto que deberán tener cuando trabajen con otros. Dar a sus puntos de vista el valor que se merecen, dentro del respeto a la autoridad y a la jerarquía de los padres, también genera confianza en sus propias capacidades y las de los demás. Además, para aquellos hijos que son tímidos, afirmaremos su importancia; y para aquellos que sean más individuales e independientes, les mostraremos cuán necesarias son las opiniones y la participación de los demás para lograr los objetivos.

Si tienes varios niños en casa, es muy útil el desarrollo de tareas en conjunto para fomentar el trabajo en equipo, como recoger la mesa, ordenar la casa u otras actividades de juego o entretenimiento. Por supuesto, la práctica deportiva siempre estará recomendada también, remarcando la importancia del juego, el sentido de pertenencia, la superación y el respeto al adversario y a las reglas. Estas deben estar claras y obedecerse todo el tiempo. Cambiarlas frecuentemente nos lleva a una mala comunicación y resta valor a aquello que estamos intentando transmitir y enseñar sobre el trabajo en equipo.

En caso de que no haya más niños en casa, procura implicarte tú también para fomentar y afianzar los lazos entre padres e hijos. Todo esto sin perder de vista que los niños necesitan tener su propio círculo social y la libertad y opción de escoger con quiénes desean hacer equipos.

Equipa a tus hijos para enfrentarse a la vida, resalta sus virtudes y valor, y enséñales que en equipo se puede destacar y triunfar sin violencia ni agresividad.

Mi momento
de reflexión

1. Prepara un plan para enseñarles a tus hijos a manejar la violencia verbal o física sin responder con violencia adicional.

2. Enséñales cómo orar y actuar ante situaciones amenazantes.

3. Asegúrate de que te cuentan cualquier suceso o situación referente a esto.

4. Mi aprendizaje de hoy es:

    _____

    _____.

5. Mi oración de hoy es:

    _____

    _____.

#EnequipoYEquipados

Capítulo 16

EL VALOR DE
LOS DETALLES

*«Por encima de todo, vístanse de amor,
que es el vínculo perfecto».*

Colosenses 3:14

No sé a ti, pero a mí me encantan los detalles; creo que a la mayoría de mujeres también. Solemos agradecer mucho cuando alguien tiene alguno con nosotras, independientemente de su valor económico, porque sabemos que esa persona se tomó el tiempo para pensar en nosotras y se esforzó por hacernos sentir queridas, animadas, consoladas o valoradas. Y si bien es cierto que no todas las personas son igual de detallistas y que los detalles no equivalen a la cantidad de amor que alguien siente por ti, también lo es que en nuestra tarea como madres, en ocasiones extenuante, son especialmente significativas las muestras de amor.

El amor tiene un poder maravilloso. Aprendí que así como a mí me gusta recibirlo, también se puede expresar a un hijo en todo momento y de muchas maneras. Los pequeños detalles han ido calando en el corazón de mis hijos, y hoy puedo ver cómo ellos también son detallistas. A veces creemos que tenemos que gastar grandes cantidades de dinero y adquirir artículos costosos, de moda o de última generación para demostrarles amor, y esto no es cierto. ¿Cuántos niños desearían tener menos juguetes, pero que sus padres estuvieran jugando con ellos? ¿Cuánto tiempo hace que no sacas un momento para disfrutar y divertirte con tus hijos?

Necesitamos construir una vida equilibrada; no todo puede ser trabajo, regañinas y prisas. Este día no va a regresar una vez termine. Vive el hoy en su máxima expresión para que antes de que termine el día hayas tenido la oportunidad de besar y abrazar a tus hijos.

Cuando mis hijos tenían entre seis y nueve años, utilizaba las loncheras de comida (envase para los alimentos o meriendas de la escuela) para enviarles mensajes escritos en un papel. Les escribía notas motivacionales, de amor y versos bíblicos. En ocasiones, también compraba un dulce o un detalle sencillo para reconocer su esfuerzo. Hoy en día sigo haciéndolo, pero de otras maneras: le envío mensajes de texto al de diecinueve años, y con mi chica de trece disfrutamos mucho cuando usamos un esmalte de uñas y conversamos o elegimos una serie de televisión y la vemos juntas. Algo que ella comenzó a desarrollar esta Navidad fue que pidió una tarjeta de regalo para comprar libros, y me lee algunos fragmentos que le parecen interesantes. Un día la sorprendí con flores, y esto le causó tanta emoción que ahora las espera de vez en cuando.

Hagamos siempre nuestro mejor esfuerzo para estar presentes en las actividades de nuestros hijos. Expresar el orgullo de que ellos sean nuestros hijos es valioso. Estas prácticas intencionales ayudan a afirmar su autoestima y su identidad, y también les recuerdan que tienen unos padres que los aman.

Como madre, una nunca sabe quién, con un comentario, acción o mirada, intentará lacerar la autoestima de nuestros hijos, pero ellos tendrán en su reserva mental y emocional estos momentos de detalles. Esa reserva se va creando todos los días, es una labor que nunca se termina, sin importar la edad de tus hijos. He trabajado con estudiantes de nivel superior y es bien triste que los padres piensen que ya son mayores y no tienen que estar pendientes. Es mi deber hacerte saber que una madre nunca deja su papel, que tu hijo siempre te necesita, aun cuando él te diga lo contrario. Recuerda que él desconoce muchas cosas, y que el poder de estar presente en su vida no lo puede sustituir nada ni nadie.

La fe es uno de los ingredientes que necesitas para creer en el poder de los detalles. Es posible que cuando realices una acción de amor, ellos ni lo vean ni lo agradezcan, e incluso que ni reaccionen ante tu gesto. Pero como todo comienzo, tiene su recompensa cuando eres persistente y das los pasos adecuados.

Como la fe requiere acción de nuestra parte, te doy algunas ideas que aprendí en el camino de mi vida caóticamente hermosa como madre:

- *No olvides las fechas importantes.* Es decir, aquellas fechas que para ellos lo son. Toma el calendario escolar de tus hijos y tu agenda personal y comienza a anotar las actividades escolares en las que para ellos es significativo que estés. Tal vez no puedas estar en todas, pero puedes dividir los días con tu pareja o algún familiar. Anticípalas y toma en cuenta lo que tu hijo va a necesitar; por ejemplo, la vestimenta, algún regalo o tener que llevar alguna comida. Como no soy una madre muy buena en la cocina, le digo a mi hija de antemano que siempre coopere y esté dispuesta a colaborar con vasos de plástico o refrescos. (Broma familiar, siempre envío algo más).

- *Haz regalos significativos.* Esto no significa que tengan que ser caros o complicados, pero sí con valor. Para eso debes estar atenta a lo que realmente les gusta: una afición, un sueño, algo que les fascine. Por ejemplo, a mi hija le encanta pintar, así que siempre que puedo le compro algo relacionado con eso y lo guardo para ocasiones especiales. Sé creativa y busca regalos originales o diferentes; incluso puedes regalar actividades o experiencias. Ten en cuenta que no siempre un detalle debe ser algo que compres; también puede ser algo que hagas con tus manos, siguiendo algún tutorial en internet, y que después envuelvas de forma bonita y con mucho amor.

- *Crea un ambiente agradable en casa.* Déjales notas por ahí, en sitios que sepas que van a ver. Ya te conté lo que yo hacía con las loncheras, pero tú puedes hacer lo que sepas que va a alegrar a tus hijos. Envíales un audio, mándales una canción, hazles sentir amados porque tomaste un momentito para dedicarles unas palabras que quizás les van a alegrar el día. Sorprende a tu familia decorando la casa, el plato de comida o usando elementos sencillos para hacerla oler bien y verse bonita. Haz de tu hogar un lugar agradable para estar. Pon música, bailen, diviértanse; no necesitas una ocasión especial. Todos estos detalles alimentan el cariño, el amor y la complicidad familiar.
- *Ten detalles con otras personas.* Interésate de forma genuina por los demás, ve con tus hijos a saludar a alguien que está enfermo, permite que te vean preocuparte por alguien que está pasando dificultades o por aquellas personas de las que hace tiempo que no sabes nada. Verte ser detallista y empática modela el mismo comportamiento en ellos hacia quienes les rodean, incluida tú misma.
- *Sé agradecida.* Valora el esfuerzo, la iniciativa y los detalles que tus hijos puedan tener contigo. Cuando alguien se acuerde de ti de alguna manera, hazle saber cuán importante ha sido ese detalle para ti. También es valioso que les inculques el agradecimiento a Dios, quien es el ser más grande y detallista que existe, el responsable de todo lo bueno que llega a nuestras vidas.

Cuando eres detallista muestras afecto y amabilidad. Estás invitando por fe a que ellos lo sean contigo en el futuro. Recuerda: no puedes vivir buscando la aprobación de las personas, incluyendo tus hijos. Tú fluyes con libertad con tu cultura de generosidad, independientemente de si te lo agradecen o te lo reconocen. Sé una madre saludable emocionalmente sin la adicción a la aprobación.

Mi momento de reflexión

1. ¿Me hace sentir apreciada que tengan detalles conmigo?

   _____

   _____.

2. A causa del ir y venir de la vida, ¿he olvidado tener pequeños detalles que afirmen a mis hijos y les hagan sentir amados?

   _____

   _____.

3. Hoy me determino a conocer mejor a mis hijos y, si no lo he hecho antes o lo he olvidado, empezaré a tener con ellos esos pequeños detalles que alcanzan el alma. Por ejemplo, recordando eso que tal vez me comentaron una vez y olvidaron. ¡Los voy a sorprender!

4. Mi aprendizaje de hoy es:

   _____

   _____.

5. Mi oración de hoy es:

   _____

   _____.

#ElValorDeLosDetalles / #SéDetallista

Capítulo 17

ORA

> *«Pero tú, cuando te pongas a orar, entra en tu cuarto,*
> *cierra la puerta y ora a tu Padre, que está en lo secreto.*
> *Así tu Padre, que ve lo que se hace en secreto,*
> *te recompensará».*

Mateo 6:6

¿No sabes qué hacer? Ora. ¿Estás preocupada por tu hijo? Ora. ¿Estás enojada? Ora. Aunque no quieras orar, ora. Mencioné en una reflexión anterior que una de las acompañantes de la vida caóticamente hermosa de una madre es la oración. Te confieso que he tenido días en los que no he querido orar; solo quería llorar. Quiero invitarte a hacer de los períodos de oración una disciplina diaria; una práctica que elevará tu vida a una intimidad espiritual en la que no necesitarás que otro ore por ti. Disfrutarás de las caricias, el amor y el tierno abrazo de tu Padre celestial.

La oración eficaz es una disciplina que no consiste en pedir y pedir, sino que necesita de momentos de meditación para reconocer, valorar y apreciar al soberano Dios; momentos de quietud y silencio en los que puedas concentrarte y en los que ningún pensamiento te distraiga de ese tiempo de intimidad. Será un esfuerzo diario, pero una vez tengas dominio, verás el fruto. Ora entendiendo que Él ya declaró una palabra de respuesta para ti. La necesidad de oración es tu oportunidad de conectarte con Dios.

La oración es la llave que abre las puertas de acceso a las cosas que Dios va a hacer. Es la oportunidad de abrir las vías de comunicación con el Padre. La oración no es una herramienta para manipular a Dios, porque no hay nada que manipule a un Dios todopoderoso. Orar es hablar con Dios, así como hablamos con nuestros amigos y familiares. Orar es tener una de las mejores y más seguras conversaciones que puedes tener. Él no te va a señalar, juzgar o criticar; no se lo comentará a nadie y no tiene ninguna intención de usar tus palabras en tu contra.

Cuando mi hija era un bebé lloraba mucho. ¡Dios mío, era bien llorona! Hubo días tan estresantes que cuando mi esposo llegaba a casa después de trabajar, nos encontraba a las dos llorando. Pero un día tuve que tomar dominio de la situación y adaptar mi día a ella. Así que, cuando ella dormía, yo trataba de buscar el equilibrio entre descansar y hacer alguna tarea.

Ella me ha enseñado mucho. Cuando quedé embarazada de mi hija estaba pasando por un momento bien difícil en mi vida. Fui despedida de mi empleo por servicios profesionales, no tenía derecho a recibir asistencia por desempleo y fui a varias entrevistas de trabajo, sin éxito; traté de pensar que no era porque estaba embarazada. Y a los cuatro meses, recibí la noticia de que mi hija podía llegar con un diagnóstico negativo. Cuando recibí esa noticia, mi esposo y yo decidimos no preocupar a nadie con todo aquello y aprendimos a disfrutar de ese segundo embarazo, que había llegado después de seis años de nuestro primer hijo. Decidimos que la oración se convertiría en nuestra fuente de fortaleza y desarrollamos nuestro tiempo devocional. Cuando llegó el día del nacimiento de nuestra hija, para la gloria de Dios nació hermosamente saludable y bien «llorona».

Mi niña me enseñó cuán valioso es el tiempo de oración. En las noches, cuando mis hijos están durmiendo, voy a sus habitaciones y oro por ellos. En las mañanas, de camino a la escuela, oramos juntos. Créeme, orar por tus hijos marcará una diferencia poderosa en ellos. Yo soy testigo del poder de la oración de una madre.

No necesitas palabras rebuscadas o elaboradas para tener una conversación con Dios. Recuerda que Él conoce tus pensamientos y tus emociones. La mayoría de las mujeres piensan que no tienen autorización para considerar sus sentimientos, nombrarlos o expresarlos abiertamente. Pero esto es un error: necesitamos dejarlos fluir, y no hay mejor lugar que delante del Padre.

Peter Scazzero, en su libro *Espiritualidad emocionalmente sana*, dice: «Cuando negamos nuestra pena, pérdidas y sentimientos año tras año, cada vez somos menos humanos. Nos transformamos lentamente en caparazones vacíos con caras sonrientes pintadas sobre ellos. El viaje de la transformación genuina hacia una espiritualidad emocionalmente sana, se inicia con el compromiso de permitirnos ejercitar nuestros sentimientos»[12].

Utiliza el lugar y el momento que sean idóneos para ti. Confía y cree que Dios escucha tus oraciones. Tómate unos minutos y reflexiona sobre el sentir de nuestro Dios. Has sido creada a su imagen. Dios piensa, tú también piensas. Dios desea, igualmente tú deseas. Dios siente, tú también sientes. Eres una mujer creada a semejanza de Dios y amada con amor eterno por Él. Parte de esa similitud es la virtud de sentir. Permite que Dios te ame, porque es el único que puede satisfacerte. Él está buscando una relación contigo. Dios anda tras de ti para ayudarte a cumplir con tu llamado de ser madre.

Mi momento
de reflexión

1. ¿Cuántas veces te has sentido abrumada porque estás pasando por una situación negativa y ocurre algo que lo agrava todo? ¿Te desesperas o acudes a Dios? Seamos sinceras: primero te desesperas. Somos humanas.

   _____

   _____.

2. Te invito hoy, en este momento, a separar y fijar un rato de oración en tu día. No esperes a tener una circunstancia que te obligue a orar. Acostumbráte a comunicarte con Dios diariamente y así, cuando venga la situación, estarás preparada.

3. ¿Qué momento del día le asignas a Dios para reunirte con Él y orar? Planifícalo con la seriedad y la coherencia que tienen otras reuniones importantes para ti.

   _____

   _____.

#OradSinCesar / #MadresQueOran

Capítulo 18

CALMA, CONFIANZA
Y FE

*«Confía en el SEÑOR de todo corazón,
y no en tu propia inteligencia».*

Proverbios 3:5

*H*ay una frase popular que dice: «No hay niños difíciles; lo difícil es ser un niño con padres que están cansados, ocupados, sin paciencia, sin confianza en Dios y con prisa». ¡Qué complicado debe de ser para un niño vivir con una madre sin fe, sin esperanza y sin perseverancia!

No todo llega en el momento en el que uno quiere; a veces, solo queda confiar en la respuesta de Dios, que puede ser sí, no o espera. Pero para cada pregunta, situación o circunstancia, Él tiene un propósito.

El Señor sabe que nosotras nos preocupamos, así que cuando lo hacemos Él nos entiende, incluso más de lo que nos entendemos a nosotras mismas. Él no te pide que no te preocupes, pero con lo que está en desacuerdo es con que inviertas tu vida únicamente en preocupaciones. Tú y yo sabemos que cuando dejamos que las preocupaciones dominen nuestra vida, esto nos roba el gozo, absorbe nuestro ánimo y entusiasmo y nos crea ansiedad, provocando incluso que enfermemos.

¿Sabías que la ciencia dice que existen alrededor de cincuenta y una enfermedades que pueden estar relacionadas con la preocupación? La preocupación puede secuestrarnos emocionalmente hasta el punto de llevarnos a una depresión. Y lo peor de todo esto es que mantener tu vida en un estado de preocupación constante muestra, de alguna manera, que no crees que Dios tiene el poder y es más grande que cualquier circunstancia.

La mejor forma de liberarnos de los pensamientos de preocupación es abrir nuestra boca y declarar la Palabra de Dios. Tu conocimiento te llevará a un nivel al que solo llega la intelectualidad humana, pero tu confianza en Dios te llevará a experimentar momentos extraordinarios. Cuando aprendes a confiar (sí, dije aprender, porque la confianza es algo que tiene que aprenderse en la relación diaria con Dios), te equipas para enfrentar la duda, el temor y la incredulidad.

A todos nos llegan momentos de duda. Cuando recibí la noticia de un posible diagnóstico negativo de mi hija, obviamente me embargaron las dudas, pero no les di el permiso de dominar o controlar mi confianza en Dios. Y este ejercicio diario fue disipando todo temor. Tú también puedes lograrlo. Yo soy humana, estoy llena de debilidades y flaquezas. Créeme, Dios ha sido quien me ha sostenido. No tenemos que aprender únicamente en los momentos de dolor, también en los momentos de quietud y silencio puedes estar aprendiendo.

Quiero contarte una experiencia que tuve cuando nació mi hijo. Todos los domingos, sin fallar, recibía en la iglesia un sobre sin nombre con un mensaje: «Este dinero es para los pañales desechables de tu hijo». Nunca supe de quién era el donativo. Dios me enseñó que cuando confías en Él, siempre habrá provisión para ti. En Lucas 11:9 dice: «Así que yo les digo: Pidan, y se les dará; busquen, y encontrarán; llamen, y se les abrirá la puerta».

Existen diferentes tipos de preocupaciones en la maternidad: «Mi hijo todavía no gatea»; «No produzco la leche materna suficiente»; «No sé cómo contestar a sus preguntas»; «¿Qué pasará si recibo ese diagnóstico?»; «¿Cómo le irá el primer día de clase?»; y un largo etcétera. De hecho, la lista puede ser interminable, porque cada edad trae diferentes retos y preocupaciones en el desarrollo de la vida de tu hijo y la tuya. ¡Ah! ¡Y ya no digamos cuando llegan a la adolescencia o el día en que obtienen su licencia de conducir! Pero todos estos días pueden estar llenos de declaraciones de fe. Podemos ser mujeres que, en medio de las circunstancias, abran su boca y, a voz en cuello, declaren una palabra de fe.

La primera vez que comencé a enfrentar sus preocupaciones y miedos solo con un acto de fe, me cuestioné mi razón: «¿Qué estás haciendo? ¡Pareces una loca!». Pero preferí vivir lo que predico a estar llena de temor y paralizada ante situaciones que no tienen poder sobre mí, porque Dios está conmigo como poderoso gigante. Decidí creer que la ansiedad es el instrumento que Dios usa para llevarme a descubrir su paz que sobrepasa todo entendimiento, una vez más. En esos días en los que no me atrevía a llamar a alguien para que orara por mí, aprendí a imponerme las manos a mí misma y orar por mí. En otros días también enfrenté mi orgullo y llamé a mis amigas para pedir oración. Porque sí, todos necesitamos a un amigo.

Otra de las preocupaciones de las madres es la educación. En mi labor como directora escolar, vi a muchas madres preocupadas porque no iban a conocer al maestro de sus hijos. Me las imagino peleando y orando, pero no ocupándose de la situación. Mi recomendación para ti es que tan pronto como comience el año escolar, busques la manera de reunirte con la maestra de tu hijo y te pongas en disposición para ayudar a tu hijo a aprender. Dile que quieres que trabajen en equipo y que si surge algún problema te lo haga saber. Si lo necesitas, utiliza un intérprete; pero, por favor, no permitas que la barrera del idioma te detenga.

Si algo te preocupa acerca del aprendizaje o comportamiento de tu hijo, pregunta y asesórate con las personas adecuadas, en el momento adecuado. Estamos en tiempos en los que la tecnología nos permite acceder a chats y grupos de padres, pero no siempre ese es el mejor lugar para tratar los temas de tus hijos. Acércate a las personas idóneas con una actitud conciliadora y de respeto, en pos del bienestar de tu hijo. Muestra interés en el progreso académico de tus hijos. Recuerda que ellos enfrentan retos y dificultades que aumentan a medida que crecen, y que siempre te van a necesitar. Hazles saber que en esta etapa también pueden contar contigo.

Tenemos días en los que necesitamos pedir a Dios que nos ayude a aprender a confiar cada día más en Él, y un acto de fe es dar esos pasos. Nuestros hijos son amados por Dios; un perfecto amor mayor que el nuestro. Su voluntad, que es buena, agradable y perfecta para nuestros hijos, vendrá a cumplimiento. Tan solo confía.

Para confiar en alguien necesitas tener una relación con esa persona. Para tener una relación con Dios necesitas escudriñar la Palabra de Dios, tener un tiempo de estudio bíblico y asistir a una comunidad de fe. Tú lo necesitas. Si tuviste una experiencia dolorosa con un líder espiritual en una comunidad de fe, yo quiero pedirte perdón en nombre de quien te hirió. Perdona a esa persona y acepta que Dios te ama incondicionalmente. Busca con carácter de urgencia un lugar donde puedas congregarte y ser parte de la gran familia de Dios.

Mi momento de reflexión

1. ¿Tengo una fe inamovible o variable?

   _____

   _____.

2. ¿Sé esperar el tiempo de Dios en confianza?

   _____

   _____.

3. Leeré en la Palabra el significado de descansar en el Señor y meditaré sobre cómo puedo manejar mi ansiedad a la hora de esperar la respuesta a mis oraciones.

4. Mi aprendizaje de hoy es:

   _____

   _____.

5. Mi oración de hoy es:

   _____

   _____.

#LaOraciónDeUnaMadre

Capítulo 19
POLIFACÉTICA, PERO CON ORDEN

«Por lo tanto, no se angustien por el mañana, el cual tendrá sus propios afanes. Cada día tiene ya sus problemas».

Mateo 6:34

¡Cuántas tareas tenemos siendo madres! Consejeras, cocineras, costureras, asesoras de moda, animadoras, contables, decoradoras, asistentes de estudio, bailarinas, peluqueras... y todo eso mientras atendemos la casa, el trabajo, a nuestro esposo y a nosotras mismas. Sin duda son muchas ocupaciones, y si no somos organizadas pueden llegar a agobiarnos.

La persona organizada no nace siéndolo, ni siempre es fácil conseguirlo; pero con un poco de educación, perseverancia, hábitos y herramientas prácticas, podemos trabajar en nosotras para mejorar y lograrlo. Organizarte es el medio que utilizarás para cumplir tu meta diaria. Requiere de tu decisión y enfoque para priorizar y buscar alternativas que sean útiles para ti. La organización requiere coherencia y disciplina. Establece qué es urgente o qué tiene mucha prioridad para ti, y usa las herramientas que te sean útiles. También, en ocasiones, será una buena idea buscar ayuda.

Trata de evitar el perfeccionismo; esto se convierte en un factor de estrés que no te permite crecer. Comienza con una tarea a la vez y ten paciencia contigo misma. Al principio puede resultarte difícil, pero una vez que logres definir la estrategia de organización que es útil para ti, verás los beneficios.

La organización diaria, semanal, mensual o anual, o la que más te convenga, es necesaria. Hay mujeres a quienes les gusta escribir en agendas; otras usan el celular y toman notas. Algunas no escriben: solo se levantan y organizan su día. Existen diferentes formas: utiliza la que resulte más eficaz para ti. Cuando tienes muchos pensamientos en la mente, eso no te deja ver claramente para tomar decisiones sabias. Haz el esfuerzo de vaciar todas las inquietudes, preocupaciones y asuntos pendientes en una hoja antes de acostarte. De esta manera, podrás descansar tu mente.

Ahora bien, aunque la organización es necesaria y te permite vivir con eficiencia, también es útil pedir ayuda. ¡Cuán difícil nos parece hacerlo! A veces alguien nos ofrece ayuda y, antes de que esa persona haya terminado de hablar, ya le estamos contestando: «No, está bien, gracias». Aprendí que es una bendición ser ayudada, teniendo las expectativas adecuadas y siendo clara en cómo quiero recibir la ayuda.

Para mí, la organización es muy importante; es parte de mi vida. Yo trato de organizarme incluso cuando voy a comprar ropa. Por ejemplo, la ropa de invierno la compro en el mes de enero, cuando ya está en liquidación. Los artículos escolares los compro en su mayoría en el mes de septiembre porque su precio es más reducido.

Reconozco que no siempre cumplo con el presupuesto y la lista a la hora de hacer la compra de alimentos, porque siempre termino comprando dulces. Por esto es mi esposo quien hace la compra de alimentos en mi casa. Entre los retos de la organización está el tema de la educación. ¿Cómo puedo ayudar a mi hijo a terminar su año escolar?

Todos en nuestro diario vivir enfrentamos retos, obstáculos y situaciones no deseadas. Y al igual que los adultos, los niños en la escuela los enfrentan diariamente, desde el primer día de clase hasta llegar al último. En lo personal, yo suelo reunirme con mi familia, al comienzo del año escolar, para tener un tiempo de oración. En ese momento reafirmamos la identidad de nuestros hijos, basada en el concepto de identidad que Dios tiene de ellos. También enviamos un mensaje escrito a las maestras, ya sea en una libreta de comunicaciones o en un correo electrónico, haciéndoles saber que la educación es un asunto importante para nosotros como padres y como familia, y que estamos a su disposición en ese aspecto.

Otra recomendación en cuanto a la organización en la parte académica es que tus hijos se vayan a dormir todos los días a la misma hora. Esto creará un hábito en ellos que les ayudará a establecer un tiempo de descanso adecuado. Además, es fundamental que coman de forma saludable. No es raro ver en las escuelas a algunos estudiantes a quienes se les olvidó llevar la merienda o el almuerzo.

Como historia jocosa, te cuento que tuve dos estudiantes que se intercambiaban el almuerzo porque a uno le gustaba más como cocinaba la mamá del otro. Estas cosas suceden todos los días en las escuelas, y por eso es importante que te organices y tengas el hábito en los fines de semana de elaborar el menú diario y hacer las compras de alimentos adecuados para tus hijos.

Organízate también para participar en las actividades académicas de tus hijos. Cada institución educativa, sea privada o pública, tiene su calendario escolar. Es importante que tengas uno para poder planificar los asuntos personales, las citas médicas, las ausencias o las vacaciones familiares. Recuerda que muchas ausencias sin justificar podrían hacerles reprobar el año escolar.

El calendario escolar define las fechas relevantes: inicio el curso, días feriados, actividades especiales, exámenes, fin del curso escolar, entre otras. Es beneficioso que tengas conocimiento de esto y mantengas una copia pegada en un lugar visible. Los días feriados representan un reto para algunas familias porque no coinciden con el mismo día en el trabajo; por esto es importante que, de antemano, puedas hacer los ajustes necesarios.

La mayoría de las escuelas en los Estados Unidos ofrecen en el mes de abril los exámenes estandarizados. Durante esa semana los estudiantes no suelen ser excusados, porque esas pruebas son un requisito del estado para evaluar el progreso académico del estudiante y es necesario que este no se ausente. En el mes de mayo se celebra la semana del maestro, un buen momento para agradecerles su trabajo. Sé presente en las actividades escolares de tus hijos. Muéstrales a ellos, a los maestros y a la escuela que eres una madre presente en la vida de tus hijos y en la escuela.

También dedica tiempo para conversar con los niños. Una conversación casual puede darte una idea de cómo están sus emociones y pensamientos, cómo se sienten con los maestros y con sus compañeros de clase.

El desorden no te trae paz, ni trae paz a tus seres queridos. Ten en cuenta que ellos te necesitan. Necesitan saber que su mamá está organizada porque ellos no lo están. Pregúntales a tus amigas qué estrategias usan. Tal vez alguna pueda ser útil para ti. Y de vez en cuando acepta ayuda. Dios te puede enviar ayuda a través de una persona.

Mi momento
de reflexión

1. ¿Cómo puedo mejorar mi estrategia de organización?

_____

_____.

2. ¿Cuál es la importancia de organizar físicamente mi entorno?

_____

_____.

3. ¿Cómo puedo organizar mi tiempo y mis pensamientos para evitar la ansiedad?

_____

_____.

4. Mi aprendizaje de hoy es:

_____

_____.

5. Mi oración de hoy es:

_____

_____.

#MadreEstrátegica

Capítulo 20
ANTICIPA Y PREPÁRATE

«La sabiduría consiste en la anticipación de las consecuencias».

Norman Cousins

La anticipación es amiga de la prevención, y la prevención es clave para que una familia permanezca saludable. Tú ya sabes cuándo tus hijos están de mal humor o cansados. Anticipa las situaciones y ponte de acuerdo con tu familia. Por ejemplo, cuando mis hijos eran pequeños e iba a un lugar donde el tiempo de espera era prolongado, por ejemplo una cita médica, yo les llevaba merienda, abrigos, libros de pintar y diferentes juguetes. Conozco a mis hijos y sabía que el tiempo que ellos podían estar quietos en un sitio era como máximo de una hora, así que anticipaba la situación y me ponía de acuerdo con mi esposo para que él los recogiera o les llevara a otro lugar. En muchas ocasiones nos turnamos para hacer las diligencias, y uno se quedaba con los chicos mientras el otro salía a hacer la gestión.

Construye un banco de recursos humanos de amigos y familiares en caso de necesitar ayuda. Siempre es bueno tener relaciones con amigas que tienen hijos con quienes los tuyos puedan relacionarse. Uno nunca sabe si va a necesitar una mano amiga. Ahora bien, tú también necesitas estar dispuesta y disponible para ser la mano que ayuda, porque no se puede cosechar lo que no se siembra. Sería bueno de vez en cuando saludar al vecino. No necesitas estar en la casa de la persona, pero sí puedes ser cordial. El vecino es la mano amiga más cercana en un momento de emergencia. Ten a tu alcance los número de teléfono de emergencias, como la estación de bomberos, la policía o el pediatra.

Mis hijos siempre se ponían ansiosos al comienzo del año escolar. En mi labor de anticipar las situaciones, decidimos llevarlos a la escuela con antelación antes del inicio de curso para que se familiarizaran con el lugar y las personas, y eso nos ayudó. Comprar los artículos escolares también les daba motivación. No siempre podrás anticiparlo todo, porque la realidad es que a veces surgen situaciones inesperadas y hay que manejarlas en el momento. Pero hay ocasiones que sí puedes anticipar. Por ejemplo, hay fechas en las que tus hijos siempre esperan un regalo de tu parte, como Navidad y su cumpleaños, y puede suceder que lleguen esas fechas y el presupuesto sea demasiado ajustado. Una idea sería comprar el regalo con anticipación y guardarlo hasta la fecha especial. Para las edades actuales de mis hijos, ellos prefieren el dinero en efectivo o tarjetas de regalo. En ocasiones compro tarjetas de regalo y las guardo para una ocasión especial. Anticipar te ayuda a prevenir situaciones incómodas y eventos difíciles. Toma el tiempo necesario y analiza lo que puedes anticipar.

Ahora bien, como te dije antes, hay circunstancias inesperadas que no puedes anticipar; pero lo que sí puedes hacer es preparar tus emociones para enfrentarte a ellas en el momento en que sucedan, y que estas no te paralicen o te dejen sin recursos o formas adecuadas de actuar.

A continuación, te muestro cinco estrategias útiles escritas por la psicóloga Alba Calçada[13] que te van a ayudar a hacer frente a estas situaciones inesperadas:

- *Expresar tus emociones*: Es muy importante que ante una situación inesperada, te permitas sentir y expresar tus emociones; esto te ayudará a canalizar la situación y no sentirte atrapada en ella. Todas las emociones son válidas: miedo, rabia, tristeza y también el sentimiento de vulnerabilidad.

- *No dar una respuesta automática*: Quizá sientas la obligación (interna o externa) de responder inmediatamente ante la situación inesperada; esto solo te va a añadir presión y malestar emocional. Por este motivo, es importante que te des permiso interno para tomar tiempo para asentar la nueva situación y saber cómo quieres actuar. No por ello serás menos fuerte o valiente.
- *Frenar los pensamientos*: Tal y como has leído, es normal que la frecuencia de tus pensamientos aumente. Cuando lo detectes, es crucial que desvíes tu atención. Te aconsejo que cambies de habitación y hagas una actividad diferente, pues es más eficaz que decirte: «No quiero pensar en...».
- *No controlar*: Ante una situación inesperada, es normal que sientas la necesidad de intentar controlarlo todo. Sin embargo, puede ser frustrante, ya que es imposible llegar a predecir todo lo que puede conllevar esta nueva situación. Por este motivo, es fundamental que destines tu energía a cuidar de tus emociones y a movilizar tus recursos.
- *Resiliencia*: Hablando de movilizar recursos, te propongo que te acuerdes de recursos, habilidades y cualidades internas que te ayudaron a gestionar otras situaciones inesperadas en tu vida. Pon en práctica estos recursos y adáptalos a la situación actual.

Otra cosa que te va a ayudar a gestionar las situaciones inesperadas es tolerar la incertidumbre. Es importante que aprendas a convivir con ella, pues te va a permitir mirar tu futuro con más serenidad. Ser consciente del momento a la hora de recibir una noticia inesperada ayudará a tu cuerpo a no quedarse paralizado tan fácilmente.Por tanto, anticipa lo que puedes esperar y prepárate para lo que no sabes cuándo llegará.

Mi momento de reflexión

1. ¿Cuántas situaciones diarias puedo anticipar para prepararme de antemano?

   _____

   _____.

2. Buscaré un calendario y anotaré los eventos u ocasiones especiales de mi familia. Escribiré cuándo y cómo puedo planificar de antemano los detalles e iré comprando lo que necesite, según mi presupuesto.

3. Haré un listado de personas de contacto de emergencia o ayuda, y se la daré a mi familia.

4. Mi aprendizaje de hoy es:

   _____

   _____.

5. Mi oración de hoy es:

   _____

   _____.

#MadrePreparada

Capítulo 21
AMIGA DE SUS
AMIGOS

«El hombre que tiene amigos ha de mostrarse amigo;
y amigo hay más unido que un hermano».

Proverbios 18:24

Una de las relaciones más hermosas de la vida es la amistad. Es de lo más bello en lo que podemos educar a nuestros niños. Se trata del afecto personal y desinteresado que necesitamos fomentar en este tiempo en nuestra sociedad. Promoviendo la amistad en tu hijo, estás formando un carácter de sensibilidad y amor hacia los demás. Los niños deben saber qué es un amigo, cuáles son las características de un buen amigo y cómo se relacionan los amigos. Necesitas enseñarle antes de que otro lo haga por ti. Con tanto acceso a las redes sociales, nuestros niños pueden recibir mucha información falsa.

Mi hijo estaba en segundo grado cuando lo cambié de escuela. Cuando llegamos al colegio nuevo, observé a los padres, al personal y a los otros alumnos, y conocí a un niño con carácter agresivo y burlón. Así que todos los días lo saludaba con un abrazo y, mientras lo hacía, oraba por él. Las madres me contaron que ese niño tenía peleas todos los días con alguien diferente; pero durante ese año escolar nunca le dijo nada a mi hijo.

A medida que mi hijo fue creciendo, comenzó a pedir permiso para ir a la casa de otros niños, así que me dediqué a la tarea de conocer a sus padres y a sus amigos. También le pedí a mi hijo que invitara a sus amigos a nuestra casa. De esta manera, podía estar con ellos y observar. Mi hijo se relacionó con diferentes niños y nunca se lo prohibimos, pero siempre fuimos enfáticos en que él no es un seguidor. Los líderes de grupos se distinguen por tomar sus propias decisiones.

Haz que los amigos de tus hijos se sientan bienvenidos en tu casa, en tu familia. Cuando una persona se siente amada y bienvenida tiene mejores relaciones. Me preocupa que mis hijos tengan amigos. Para mí la amistad es un regalo, y todos, incluidos tus hijos, necesitan tener amigos. Es importante proveerles de un espacio para crear relaciones saludables. Conoce a sus amigos y muestra interés en ellos. Tus hijos te amarán y te respetarán por esto. También te estarán siempre agradecidos por valorar a sus amistades. Es cierto que esto puede representar un riesgo en el tiempo en que vivimos, pero confía en Dios y en lo que has sembrado en tus hijos.

Una de las relaciones de amistad más importantes que debemos fomentar en nuestros hijos es que Jesús es nuestro amigo fiel. Él nunca nos abandonará, sino que estará siempre con nosotros.

Para concluir, te muestro una lista con algunos puntos importantes referentes a las amistades y las relaciones de tus hijos ordenada de menor a mayor importancia:

6. *Crea un hogar acogedor:* ¡Que tu hogar sea un lugar donde a los amigos de tus hijos e hijas les encante pasar un tiempo! Poner a su disposición refrescos y meriendas te da muchos puntos. Aprovecha para conocerlos mientras ellos se sienten relajados y están abiertos a conversar.

5. *Conoce sus nombres:* Conoce los nombres de los amigos de tus hijos, sus números telefónicos, el nombre de sus padres y cómo contactar con ellos. Esto mostrará a tus hijos y a sus amigos que realmente te importan y les inspirarás confianza.

4. *No compitas con tu hijo por la amistad de sus amigos:* Evalúa cómo reacciona tu hijo cuando te interesas por conocer a sus amigos. Tus hijos podrían molestarse o sentirse celosos si llegas a

ser demasiado agradable con sus amigos, sobre todo si no tienes ese comportamiento con ellos. No les quites protagonismo a tus hijos frente a sus amigos.

3. *Conoce a sus padres:* Trata de entablar una relación cordial con los padres de los amigos de tus hijos; puede que tengan en común las mismas prioridades y lleguen a ser aliados a la hora de asegurarse de que sus hijos tienen relaciones positivas.

2. *Asiste siempre que sea posible a sus eventos:* Siempre que puedas asiste a los eventos escolares. Son una buena oportunidad en la que puedes pedirles a tus hijos que te presenten a sus amigos. Pregunta sobre sus gustos y lo que les desagrada y verán que estás interesada en conocerlos.

1. *Invita a los amigos a algunos eventos familiares:* Permite que tu hijo invite a uno o dos de sus amigos a los eventos familiares, sobre todo si no hay miembros de su edad en la familia. Esto hará el evento menos abrumador para tu hijo y, además, te permitirá conocer a los amigos de tus hijos en otras circunstancias y entorno.

Mi momento de reflexión

1. ¿Qué es para ti la amistad?

   _____

   _____.

2. Durante nuestra vida, en ocasiones tenemos malas experiencias con los amigos. ¿Te ha privado eso de desarrollar nuevas amistades?

   _____

   _____.

3. ¿Qué criterios utilizas para calificar a los amigos de tus hijos?

   _____

   _____.

4. Mi aprendizaje de hoy es:

   _____

   _____.

5. Mi oración de hoy es:

   _____

   _____.

#Amistad

Capítulo 22

UNA MAMÁ CREATIVA

«La creatividad es la inteligencia divirtiéndose».

Albert Einstein

El mundo y la historia están llenos de personas creativas que tomaron la decisión de creer en sí mismas y desatar su creatividad. La creatividad está relacionada con la inspiración, pero muchas de nosotras la perdemos por estar demasiado ocupadas y estresadas por situaciones o personas que no merecen nuestra atención. La creatividad es un concepto muy necesario y útil para todas las facetas de nuestra vida caóticamente hermosa como madres.

La mayoría de las madres usamos la creatividad para desarrollar el potencial de nuestros hijos y buscar soluciones para los problemas diarios. Somos una influencia en su creatividad, pero también podemos ser un obstáculo. A la hora de hacer los proyectos educativos necesitamos proveerles los materiales y asistirlos en el proceso, pero ¡no hagas el trabajo por tu hijo!

Como ya te he mencionado, viví muchas experiencias con padres, niños y jóvenes en mi trabajo como directora escolar en una escuela cristiana privada. Recuerdo que, en una ocasión, una madre se enojó por la calificación académica que recibió el proyecto de su hijo. Cuando fue a la reunión con el maestro para evaluar los criterios para el resultado de esa calificación, el profesor justificó su reporte por el simple hecho de que el estudiante indicó que no había hecho el proyecto ni participado del proceso de aprendizaje, puesto que todo lo había realizado la madre.

Esto pasa muy a menudo. Los padres queremos que nuestros hijos hagan su mejor esfuerzo, pero no les damos el espacio para que lo hagan. Me encanta que mi hija sea un espíritu libre y creativo, pero para mí supone un desafío porque siempre hay pinturas, pinceles y otros materiales desordenados, según mi perspectiva. Para ella, sin embargo, están en el orden que necesita. Esto representa un reto, y ella y yo aún estamos negociando un equilibrio en este asunto. Para serte sincera, creo que estaremos toda nuestra vida negociando; será parte de nuestra relación creativa de madre e hija.

Uno de los bloqueos para desarrollar la creatividad en algunas mujeres puede ser el miedo a no ser original, al juicio de las demás personas, al rechazo o a la burla. Es momento de liberarnos de estos miedos y darle libertad a la creatividad. El perfeccionismo tampoco permite el desarrollo de la creatividad, y en ocasiones incluso nos limita el hecho de ser felices y disfrutar del momento y de las personas con las que nos relacionamos. ¡Fuera los miedos y el perfeccionismo de nuestras vidas! ¡Demos la bienvenida a la creatividad y la espontaneidad!

No todo tiene que estar fríamente calculado todos los días. Siempre debemos tener un margen para el cambio y las sorpresas o eventos inesperados. Para desarrollar la creatividad nos ayudan las relaciones, la lectura, la escritura, el análisis y la observación, la música… entre otras alternativas[14]. ¿Y sabes qué? También nos ayudan las amigas, que son esas hermanas que pueden echarnos una mano en tiempo de angustia. Pero sobre todo, lo más hermoso de la creatividad es tener una relación con el Creador; esta siempre será la mejor alternativa.

Cuando estoy muy estresada me sirve de inspiración ver el mar, leer, escuchar música, orar y llamar a una buena amiga. Busca qué puede ayudarte a ti a ser inspirada por amor a la vida tan hermosa que Dios te dio.

La creatividad es una fuente de motivación para fomentar la salud emocional y mental. Existen muchas fuentes de información que pueden ayudarnos a ser madres creativas. Durante el confinamiento utilicé toda la decoración disponible en mi casa para que cuando mis hijos despertarán el día de su cumpleaños vieran que ni la pandemia detuvo la celebración.

Tú también puedes sorprenderlos de diversas formas: prepárales su comida favorita, recógelos en la escuela llevando su dulce preferido o cambia la rutina de la semana y salgan a cenar al patio en vez de comer dentro de la casa. Además, a la hora de estudiar con nuestros hijos, la creatividad es una herramienta bien necesaria. Una buena opción es reunirse con la maestra de tus hijos y preguntarle qué estrategia te sugiere para estudiar en la casa. Permite que tus hijos también te guíen en esta aventura de creatividad.

Mi momento
de reflexión

1. Mi acto de creatividad de hoy será:

   _____

   _____.

2. ¿Hay alguna actividad creativa que pueda disfrutar con mis hijos?

   _____

   _____.

3. La creatividad no se limita a destrezas artísticas. ¿De qué otra forma puedo fomentar la creatividad en mis hijos?

   _____

   _____.

4. Mi aprendizaje de hoy es:

   _____

   _____.

5. Mi oración de hoy es:

   _____

   _____.

#MamáCreativa

Capítulo 23

CONTRÓLATE, AMIGA

*«Porque no nos ha dado Dios espíritu de cobardía,
sino de poder, amor y de dominio propio».*

2 Timoteo 1:7

Hay días mejores y días peores, y hoy puede ser uno de esos en los que perdiste el control. ¿Y sabes qué? No pasa nada, porque a todas nos ha pasado o nos puede pasar en algún momento. Lo que sí que hay que aprender a manejar son estas dos áreas: la causa y lo que haces después de perder el control. Analiza qué fue lo que provocó que eso sucediera y que reaccionaras de la manera en que lo hiciste. En ocasiones, lo que nos desconecta de la paz y el dominio propio es la acumulación de pensamientos tóxicos y el cansancio. Incluso puede que la razón principal por la que perdiste el control no fuera el evento actual. Puede ser el amontonamiento de situaciones, emociones o pensamientos que te están afectando desde hace un tiempo y aún no te has dado cuenta.

«Me gustaría ser la madre ideal… pero estoy demasiado ocupada criando a mis hijos». La madre perfecta no existe, pero en algún lugar de nuestra mente está el deseo de serlo; el pensamiento está vivo y causa problemas. Alguna quizás ha llegado a pensar que debe ser como la mujer que describe Proverbios 31, pero la verdad es que nadie lo es. La mujer de Proverbios 31 se nos ha dado en la Escritura para inspirarnos. Ella nos da metas que alcanzar con nuestra medida de fe y con la absoluta dependencia de Dios. Pero esta mujer que todas nos esforzamos por llegar a ser es una falsificación diseñada por nuestras propias inseguridades, que nos hacen sentirnos inferiores y condenadas al secuestro emocional.

Ella es la razón por la que muchas madres identifican el perfeccionismo como el problema número uno que impide que las madres disfrutemos el momento presente. Ya oigo a algunas de mis amigas: «Es que tiene que estar perfecto». Pero ¿quién dijo eso? Además, la realidad es que lo que es perfecto para ti no necesariamente es perfecto para mí. ¿Cuántas de nosotras, por la bendita expresión de perfeccionismo, hemos terminado en un evento de familia discutiendo, molestas y agotadas? ¿Y qué tal si en vez de buscar el perfeccionismo que nos lleva muchas veces a estar fuera de control, nos esforzamos en ser madres funcionales y saludables?

Te muestro algunos datos interesantes que descubrí al leer la historia de una mujer que cometió errores… bastantes, diría yo. Estaba lejos, como tú y yo, de ser perfecta, pero terminó siendo parte de los héroes de la fe que se describen en el capítulo 11 del libro de Hebreos. Su nombre es Sara, la esposa de Abraham.

Estos son algunos datos interesantes sobre ella:

- No tenía mucha paciencia. ¿Te viene a la mente el nombre de alguna mujer que conoces que es impaciente? Pues Sara se impacientó con el plan de Dios y ella, bien creativa (tal vez tenía el gen hispano), elaboró un plan interesante: que su esposo tuviera una aventura con su sirvienta.
- Después de que ella misma diseñó el plan, se puso celosa del hijo de la criada y demandó que ambos fueran expulsados al desierto. Ahora no empieces a criticarla y a decir: «¡Qué tremenda!», porque nosotras también tenemos momentos en los que creemos que Dios necesita nuestra ayuda. Pero déjame decirte algo: Dios no necesita que le ayudes.
- Dios se le apareció a Sara y le confirmó que Él iba a cumplir su promesa. ¿Y sabes lo que ella hizo? ¡Se rio! ¡Qué graciosa ella! Literalmente se rio de incredulidad. ¿Pero tú sabes lo que era a la edad de ella tener un hijo? Hasta yo me habría reído.

Sara no parecía ser una de las mujeres virtuosas que describe el libro de Proverbios 31. Sin embargo, Dios la escogió y cumplió su promesa para con ella, y concibió a su hijo, llamado Isaac.

Con esta interesante historia bíblica lo que quiero recordarte es que tengas cuidado y tomes el control de tus acciones. Tus acciones o actitudes comienzan con un pensamiento. Un pensamiento tóxico es todo aquel pensamiento negativo o dañino que desencadena la ansiedad. La acumulación de pensamientos tóxicos puede parecer inofensiva, pero puede transformarse en algo muy peligroso no solo para nuestra salud emocional, sino también para la salud mental y física. En muchas ocasiones, esa acumulación de pensamientos tóxicos puede dominar la manera en que reaccionamos ante ciertos eventos. A veces se puede manifestar como estrés.

Todo sucede cuando dejamos que un pensamiento que no proviene de Dios domine nuestro diario vivir. En ese momento, debemos evaluar qué fue lo que realmente inició el descontrol, y una vez que hayamos identificado la raíz de la situación, debemos analizar nuestra reacción posterior. En una ocasión estaba abrumada por una situación y uno de mis hijos me preguntó algo y le grité. Cuando analicé la situación me di cuenta de que perdí el control porque estaba envuelta en el problema y no en el Dios que puede solucionar el problema.

Una vez que identifiqué la raíz de la falta de control evalué mi reacción, le pedí perdón a mi hijo y le expliqué lo que había sucedido. También me perdí perdón a mí misma. Hice un cierre del evento y me esforcé por mejorar en esa área. Puedes estar en este momento pensando o recordando un evento donde perdiste el control. Este preciso instante es el ideal para perdonarte y pedir perdón a quien hayas ofendido. Sé que no es fácil, pero es necesario para tu salud emocional.

Aunque es normal que nos sucedan situaciones como esta, la Palabra de Dios nos invita a llenar nuestra mente con estabilidad. En el libro de Filipenses 4:8 dice: «Por último, hermanos, consideren bien todo lo verdadero, todo lo respetable, todo lo justo, todo lo puro, todo lo amable, todo lo digno de admiración, en fin, todo lo que sea excelente o merezca elogio». Llena tu mente de lo justo, puro y amable; en resumen, llena tu mente de Dios.

Mi momento
de reflexión

1. Recordaré un día en el que haya perdido el control. ¿Por qué sucedió? ¿Qué hice para recuperarlo?

   _____

   _____.

2. ¿Qué estrategias utilizo para dominar mis emociones?

   _____

   _____.

3. ¿Qué te hace perder el control?

   _____

   _____.

4. Mi aprendizaje de hoy es:

   _____

   _____.

5. Mi oración de hoy es:

   _____

   _____.

#DominioPropio / #ControlaTusEmociones

Capítulo 24
LA QUE AMA,
DISCIPLINA

«Disciplina a tu hijo, y te traerá tranquilidad;
te dará muchas satisfacciones».

Proverbios 29:17

La disciplina señala el buen camino por donde tus hijos deben caminar. Ellos aún no conocen cuál es y necesitan que tú estés dispuesta y disponible para mostrárselo. La disciplina, como establece la Palabra de Dios, al momento no es causa de gozo; pero si no disciplinas a tus hijos, no adquieren sabiduría. Sin ella, tus hijos no se sentirán amados por ti. He escuchado a mujeres decir: «Me da pena disciplinar a mis hijos», pero el amor adecuado disciplina *en* amor y *con* amor. Si no disciplinas, estarás desobedeciendo al Señor y sufrirás las consecuencias en el futuro. El Señor nos ordena disciplinar a nuestros hijos.

La disciplina funciona mejor cuando se combina con las otras herramientas de análisis, participación personal, motivación, enseñanza y oración. Recuerda que instruir es una responsabilidad para estimular lo positivo y corregir lo negativo.

Cuando disciplines, sé constante y precisa, y establece límites. No tienes que decir «sí» a todo lo que ellos quieren. De vez en cuando será necesario darles la oportunidad de manejar un «no» como respuesta. Define y comunica claramente cuál es la situación por la que están siendo corregidos. Toma tiempo para conversar sobre la situación. Utiliza una comunicación sencilla y práctica, con ejemplos para que puedan entender, y adapta la conversación de acuerdo con la edad del niño. En ocasiones, por el enojo y la prisa, no explicamos a los hijos por qué están siendo disciplinados. No es necesario emplear gritos ni amenazas para lograr la corrección. Esta tarea no les corresponde a otras instituciones ni a otras personas.

Debes recordar el objetivo: el propósito de la disciplina es desarrollar la sabiduría. Mantener el objetivo en mente te guiará y mejorará la eficacia de tu disciplina. Debes ser constante. Tus hijos te probarán. No seas histórica ni te pongas histérica a la hora de disciplinar. Usa la comunicación práctica: no solo expliques el por qué, sino también el cómo. Una cosa es decirle a tu hijo que lea la Biblia, pero es más motivador mostrarle cómo estudiarla. Muéstrale cómo puede corregir la conducta.

Nunca avergüences a tus hijos públicamente. Enséñales prudencia. No les enseñes lo malo para luego exigirles que hagan lo bueno. Establece reglas claras. Discútelas, llega a acuerdos y, si es necesario, escríbelas en un papel. Recuerda que de vez en cuando tendrás que repasar las reglas establecidas. Ponte de acuerdo con tu esposo en privado acerca de las decisiones, las instrucciones y los permisos. Si dan dos instrucciones, decisiones y permisos distintos, tus hijos se van a confundir y terminarán no obedeciendo a nadie.

Cuando mis hijos eran pequeños, nunca les llamaba la atención públicamente. Cuando tenía la oportunidad, y de forma privada, les hacía saber que su conducta había sido inaceptable. Para ellos la señal era: «Vamos al baño un momento»; con eso ya sabían que la corrección estaba de camino. Si no, al llegar a casa retomaba la situación y los corregía, pero nunca dejaba el asunto sin corrección.

Analiza bien los hechos antes de actuar, mantén la calma, sé precisa en corregir la ofensa, haz todo con amor y respeto. No queremos lastimarlos; queremos disciplinarlos *en* y *con* amor. Enfócate en el problema, la acción o la actitud indebida; tu hijo aún necesita de ti para poder modificar y aprender cómo se hace de manera apropiada. Respira profundo porque puede ser que tengas que volver a explicar y corregir el mismo asunto hasta que el niño logre aprender cómo debe comportarse.

Exponer con calma las consecuencias será un ingrediente importante en la gran tarea de disciplinar de forma positiva. Lucie Cluver, profesora de trabajo social para niños y familias en la Universidad de Oxford, dice:

> Parte de nuestro crecimiento consiste en aprender que lo que hacemos puede traer consecuencias. Explicarle esto a tu hijo es un proceso sencillo que le animará a comportarse bien, a la vez que aprende sobre la responsabilidad.
>
> Dale a tu hijo la oportunidad de hacer lo bueno explicándole las consecuencias que puede tener su mal comportamiento. Por ejemplo, si quieres que deje de pintar en las paredes, puedes decirle que si no para, vas a poner fin a su tiempo de juego. De este modo le estás advirtiendo y le estás dando la oportunidad de cambiar su conducta.
>
> Si persiste en su conducta, prosigue con las consecuencias tranquilamente y sin mostrar enojo; y felicítate si lo consigues, ¡porque no es nada fácil! Si deja de pintar garabatos, elógialo. Lo que estás haciendo es crear un ciclo de retroalimentación positiva para tu hijo. Está demostrado que exponer con calma a los niños las consecuencias de sus actos es un método muy eficaz para que aprendan sobre lo que ocurre cuando se portan mal.
>
> La coherencia es un factor clave de la crianza positiva, y por eso es importante que a los actos sigan las consecuencias. Y también es importante que esas consecuencias sean realistas. Puedes quitarle el teléfono a un adolescente durante una hora, pero quitárselo durante una semana quizás sea difícil de hacer[15].

Mi momento
de reflexión

1. ¿Soy coherente en las reglas de comportamiento en mi hogar?

   _____

   _____.

2. ¿Soy coherente en la disciplina y su medida en proporción con la falta cometida?

   _____

   _____.

3. Cuando disciplino, ¿ofendo a mis hijos o me refiero solo al problema de la conducta?

   _____

   _____.

4. Mi aprendizaje de hoy es:

   _____

   _____.

5. Mi oración de hoy es:

   _____

   _____.

#MadreDisciplinada / #DisciplinaConAmor

Capítulo 25

MÁS QUE DECIR
GRACIAS

*«Que gobierne en sus corazones la paz de Cristo,
a la cual fueron llamados en un solo cuerpo.
Y sean agradecidos».*

Colosenses 3:15

La mejor actitud que puedes tener en la vida es la gratitud. Cuando eres una mujer agradecida, Dios convierte tu vida en una fuente de bendiciones. Y esto es mucho más que tener como costumbre decir la palabra «gracias». Ser agradecida es dejar de invertir tiempo en la queja, dejar de verlo todo como un problema y mirar las situaciones como oportunidades que Dios envía para demostrarte su amor y cuidado. Una mujer con un corazón agradecido tiene paz para con Dios y para con los hombres. Una mujer agradecida es una mujer conforme al corazón de Dios.

La pastora Biviam Santiago afirma:

Muchas mujeres cristianas, sobre todo las que ya tenemos unos cuantos años caminando en Cristo, conocemos bien las implicaciones de ser «una mujer conforme al corazón de Dios», o al menos creemos que lo sabemos, aunque muchas veces lo idealizamos. Una mujer conforme al corazón de Dios no es una mujer «perfecta», no es una mujer que no peca, no es una mujer que no se equivoca, no es una mujer que nunca dice cosas inapropiadas, no es una mujer que nunca vistió de manera inadecuada, que nunca tiene malos pensamientos o que nunca se queja. Una mujer conforme al corazón de Dios es pecadora, falla y se equivoca, pero la diferencia fundamental entre ella y una mujer que no es conforme al corazón de Dios es que la primera tiene ciertas actitudes que la hacen ver diferente[16].

Una vez que estamos en Cristo, comenzamos un proceso de desarrollo y renovación que tiene como propósito desarrollar la imagen de Dios en nuestras vidas. Somos mujeres agradecidas. No desperdicies tiempo en la queja, porque la falta de agradecimiento amarga el corazón. Es posible que, como madre, a veces puedas quejarte de tus hijos, pero recuerda que, a tu lado, seguro que hay una mujer pidiéndole a Dios un hijo. Sé agradecida. Eres bendecida y favorecida por la gracia y la misericordia de Dios.

Una manera de medir cómo manejo mis pensamientos y cuán agradecida soy es analizar mis reacciones ante las situaciones que enfrento. «Los problemas nunca se acaban» es una expresión usada en muchas ocasiones, pero la perspectiva del problema varía según tu propia interpretación. Lo que tú interpretas como un problema, para otra persona puede ser una oportunidad para desarrollarse y lograr una meta.

¿PROBLEMAS U OPORTUNIDADES?

Debemos aprender a ver los problemas como oportunidades, teniendo fe en que Dios se manifestará. Debemos esperar en paz a que las soluciones, que jamás se acaban, finalmente lleguen. Hasta que David no fue atacado por un león, no sabía que podía vencerlo. No sabía que lanzando unas piedras podría derribar a Goliat hasta que tuvo que enfrentarlo. Tus obstáculos serán tus oportunidades para manifestar el depósito de Dios en ti. No sabrás cuán capaz eres hasta que enfrentes tus gigantes, tus propios miedos y tus propias limitaciones. Una vez que lo intentes, te sorprenderás al darte cuenta de que no era tan difícil y que Dios te dio la capacidad para enfrentar ese obstáculo.

Tu primer reto eres tú misma. No es el problema. No es la oportunidad. Eres tú quien debe creer en ti. Creer que Dios está contigo. Tú eres tu propia enemiga en muchas ocasiones. Deja ya de serlo y da gracias por los problemas, pues son oportunidades que Dios te da para manifestar tu poder. Como dice Dale Carnegie: «Acepta los riesgos, toda la vida no es sino una oportunidad. El hombre que llega más lejos es, generalmente, el que quiere y se atreve a serlo».

Mi momento
de reflexión

1. Escribiré una lista de todo aquello por lo que me siento agradecida.

2. ¿Acostumbro a tener un estilo de vida de gratitud, u olvido lo que mis hijos y otras personas hacen por ti?

    _____

    _____.

3. Sin pensar mucho, ¿qué puedo agradecer hoy?

    _____

    _____.

4. Mi aprendizaje de hoy es:

    _____

    _____.

5. Mi oración de hoy es:

    _____

    _____.

#AprendizajeDiario

Capítulo 26

DISFRUTA QUE EL
TIEMPO VUELA

*«Mi madre tuvo muchos problemas al criarme,
pero creo que lo disfrutó».*

Mark Twain

La vida pasa en un abrir y cerrar de ojos. Hace unos días mis hijos estaban aprendiendo a caminar, y hoy mi hijo mayor ya está manejando su propio automóvil. Me imagino que has escuchado a muchas madres decir que el tiempo pasa volando y que hay que disfrutar de los hijos, porque ya mismo se casan y se van. Pero cuando son pequeños y lo escuchamos, eso no tiene ningún efecto en nosotras porque lo sentimos lejano, hasta que llega el día en que los estás mirando y te das cuenta de cuánto han crecido. Disfrutemos los momentos de la vida.

Cuando tengo una dignidad saludable puedo disfrutar de mi persona y de quien está alrededor de mí. La dignidad es el reconocimiento de lo que Dios ha dicho que soy, por encima de lo que otras personas digan que soy. Nadie puede recibir la bendición de lo que tú puedes dar hasta que primero reconozcas y recibas la bendición de lo que tú eres. Cuando reconocemos que nuestra dignidad (valor) no está en lo que hacemos y tenemos, sino en lo que somos de acuerdo con su imagen, comenzamos a desarrollar una vida espiritual madura y eficaz. Cuando sabemos que el valor, tanto el nuestro como el de nuestros hijos, está en lo que somos por la gracia de Dios, procedemos a respetar, amar y cuidar incondicionalmente.

Si aprendes este valor de la dignidad puedes disfrutar de tus hijos. Celebras la bendición que ellos representan en tu vida y celebras que tú eres la madre perfecta para ellos. Ellos necesitan verte feliz y saludable emocional, mental y físicamente. Los zapatos nuevos se ven bien, pero solo el que los lleva puestos sabe cuánto le aprietan. Lo opuesto a la felicidad es un espíritu amargo y quejumbroso que solamente ve el lado negativo de todas las cosas.

Hace unos años conocí a una magnífica mujer de Dios, de Nicaragua, con residencia en Puerto Rico. Admiraba su corazón misionero por su país. Se dedicaba a buscar donaciones de ropa y artículos y, una vez al año, viajaba a su país para la obra misionera. Después de un viaje misionero regresó a Puerto Rico y, en un acto de amor, me trajo una hermosa hamaca tejida a mano, una artesanía. Los colores eran hermosos, y para enamorarme todavía más, en cada lado tenía tejidos a mano el nombre de mi esposo y el mío, lo cual me encantó. No olvido su rostro cuando me dio la hamaca: reflejaba una expresión de pura alegría.

Bueno, ¿qué hice con la hamaca? La guardé. Sí, eso mismo, tomé la decisión de guardarla para preservarla. Estuvo guardada y no la disfrutaba. En estos días mi esposo tomó la excelente iniciativa de poner la hamaca en nuestra marquesina. Y una vez que estuvo puesta me llamó y me dijo: «Ven, ten el honor de ser la primera en disfrutarlo». Puedes estar pensando: «Pero pudiste haberla disfrutado desde el primer día, para eso te la regalaron». Y tienes toda la razón. Lo reconozco y lo acepto. La guardé porque estaba agradecida en sobremanera, porque no muchas veces en la vida alguien de buen corazón te regala algo tan hermoso como lo hizo esta mujer. Podría haber sido un papel y lo hubiera guardado igual. Lo que realmente quería conservar era el momento tan especial cuando recibí el regalo.

Sin embargo, aprendí una lección: ella me regaló la hamaca para que yo la disfrutara y lo hiciera en plenitud. El hecho de que la hamaca tuviera tejido a mano el nombre de mi esposo y el mío significa que muy probablemente ella pensó: «Ella lo va a disfrutar con su amado esposito». Así que, mientras disfruto de la hamaca, te escribo esta experiencia.

Dios nos ha regalado una vida maravillosa, pero aún no hemos aprendido a disfrutar en plenitud cada momento. Algunos, como yo, en ocasiones no hemos tomado la mejor decisión, aunque no haya sido intencional. Pero llega ese único día en el que Dios te ministra y te dice: «No lo guardes, disfrútalo». Dios te ha regalado una vida, familia, talentos, dones para que en cada cosa que hagas manifiestes la imagen de la plenitud de Dios en tu vida. Así que decide tener el honor de ser la protagonista de tus regalos y no los guardes. ¡Disfrútalos! Para disfrutar el momento no necesitas dinero, un lugar especial, ni otras personas. Disfruta de quién tú eres y de la vida de tus hijos.

A mi hija le encanta cuando escuchamos música y comenzamos a bailar por la casa. Ella lo disfruta en cantidad, y eso me hace sentir feliz. A mi hijo lo invito a comer a algún sitio, él y yo solitos, y tenemos conversaciones profundas que son fundamentales en nuestra relación.

Crea momentos memorables con tus hijos. Te recomiendo que te alejes de tu celular y te enfoques solo en el momento hermoso que estás viviendo. Recuerda que no es necesario tener dinero para producir un momento memorable. Usa tu creatividad; puedes colorear, ver una película, hacer algo en la cocina, entre otras ideas que estoy segura de que llevarás a cabo. Separa un día, una hora; ellos nunca olvidarán ese momento tan único y especial que tuvieron juntos.

Mi momento
de reflexión

1. ¿Qué gustos y destrezas tengo en común con mis hijos?

   _____

   _____.

2. ¿He creado recuerdos y momentos especiales con ellos que les traigan tanta felicidad que ellos insistan en recordar?

   _____

   _____.

3. Hoy me doy el permiso para disfrutar de mis hijos. Haré una actividad especial con ellos.

4. Mi aprendizaje de hoy es:

   _____

   _____.

5. Mi oración de hoy es:

   _____

   _____.

#DisfrutaDeLaVida

Capítulo 27
VÍSTELOS CON
«ROPAS DOBLES»

«No tiene temor de la nieve por su familia, porque toda su familia está vestida de ropas dobles».

Proverbios 31:21, RVR 60

Para cada época del año separamos la ropa de nuestros hijos. Para el verano comenzamos a sacar toda esa ropa cómoda y liviana; y cuando se va acercando el invierno, guardamos la ropa de verano y preparamos la que nos mantiene calientes en el tiempo de frío.

Espiritualmente hablando, nuestros hijos pasarán por momentos y situaciones donde no será suficiente la ropa sencilla y cómoda de verano; van a necesitar «ropas dobles». Esas ropas dobles serán las palabras de sabiduría y prudencia que saldrán de tu boca con amor. Las oraciones incansables que harás por ellos para que Dios guarde su salida y su entrada. Momentos donde tendrás que hablarles más de Dios y su Palabra. Temporadas en las que necesitarás tomar más tiempo de oración, incluso momentos en los que tendrás que unirte en oración con una amiga. Tiempos en los que lo más prudente y necesario será hacer silencio y escuchar atentamente. Uso la comparación de la vestimenta adecuada según cada estación como analogía, aunque las situaciones que enfrentamos a diario no están enmarcadas en una época en particular.

Tus hijos, al igual que tú y yo, atraviesan situaciones difíciles, estresantes, de tristeza y decepción. No les restes importancia cuando te cuentan sus luchas y problemas, porque a su edad son difíciles de enfrentar. Por ejemplo, un día mi hija me dijo: «Mamá, tengo una preocupación bien grande». Y me explicó que no podía perder la llave del casillero donde guardaba sus libros porque podría causarle un problema. En su rostro se veía que estaba bien preocupada, y yo me vi tentada a decirle: «Hija, por favor, eso no es un problema». Pero me controlé, fui empática con su situación y juntas elaboramos un plan con una solución. Ese día la vestí con «ropas dobles». Ella no quería que lo resolviera realmente. Lo que ella necesitaba era que yo la escuchara y me pusiera en su lugar. Es importante entender que lo que puede ser un problema para uno tal vez para otro no lo sea. Cada quien maneja sus «problemas» según su edad, experiencia y madurez.

Nuestros hijos no siempre quieren que nosotras resolvamos sus situaciones. En ocasiones solo necesitan a alguien que les preste atención, les dé un abrazo, una sonrisa o unas palabras tan simples pero tan llenas de fuerza como: «Estoy aquí contigo, no estás solo». Los hijos jamás serán mayores para recibir tus abrazos y tus besos. Yo sé que los varones, principalmente, llegan a una edad en la que no quieren besos públicamente, pero eso no significa que no lo puedas llenar de besos de manera privada. Recuerdo que a mi hijo no le gustaba que le diera un beso en público, y mucho menos delante de sus amigos. Gracias a Dios eso duró bien poco y hoy él nos llena de besos y abrazos delante de quien sea. Amiga, eso va a pasar, es solo una temporada. No te angusties.

Debemos preocuparnos por que ellos aprendan a gestionar como es debido sus emociones. Y esto es una parte vital de vestirlos con ropas dobles. Los vestirás a medida que les enseñes a mantener el control y a saber que no hacerlo puede meterlos en problemas y llevarlos a tomar muy malas decisiones. Ahora bien, ayudarlos a manejarse emocionalmente frente a situaciones complejas no quiere decir que «no los dejes sentir» ni que los reprimas de enfadarse o echarse a llorar. Al contrario, si se lo impides, si los limitas o los obligas a reprimirse, en vez de gestionar les estarás complicando el proceso de aprendizaje e irán vestidos con ropa liviana en plena nieve.

VÍSTETE TÚ PRIMERO

¿Recuerdas que te he dicho que somos su modelo a seguir? Eso significa que nosotras, como madres, somos las primeras que tenemos que aprender a gestionar nuestras emociones. Ya sé que a veces lo único que queremos es darles un grito y decirles que se callen; pero debemos resistirnos a nuestras propias rabietas y no dejarnos llevar. Ten en cuenta que si tú no estás vestida y preparada, difícilmente podrás ayudarle, y te convertirás en un modelo negativo para ellos.

¿Recuerdas que cuando vas en un avión te explican que, en caso de emergencia, tienes que ponerte tú primero la mascarilla de oxígeno y luego ayudar a la persona que está a tu lado? Pues esto es igual. Escucho a muchas mujeres que aún están manejando situaciones del pasado sin resolver, enfrentando malas decisiones que tomaron. Y esto llena de miedo, enojo, duda y frustración; una vestimenta que no te permite ser libre y te llena de una carga tal, que no puedes ayudar a otro a vestirse. Ninguno de nuestros hijos son culpables de nuestras decisiones, pero tenemos la gran responsabilidad de tomar el control y el dominio de nosotras y ser nuestra mejor versión todos los días.

Hace unos años atravesé una temporada de escasez, y me faltaba el dinero para comprar los libros de la escuela de mi hijo. Para ese entonces vivía en Puerto Rico, y en la educación privada los padres deben comprar los libros. Tenía unas monedas en un envase y fui al cuarto y comencé a enrollarlas para completar el pago de los libros. Mi hijo entró en el cuarto y me preguntó: «Mamá, ¿puedo ayudarte?». Y mientras me echaba una mano, me dijo: «Mamá, gracias por todo lo que haces por mí».

No soy la madre perfecta, sé que tal vez hay muchas cosas que podría hacer de otra forma, pero sí soy una mujer persistente. Mis hijos en muchas ocasiones me han visto esforzarme y ser valiente. Otro día, en mis estrategias para buscar ingresos, estaba preparando algo para vender, cuando mi hija me miró a los ojos y me dijo: «Mami, tú siempre estás haciendo algo para salir adelante». En cada uno de estos momentos elegí que vieran en mí que, aunque hay momentos difíciles que tendremos que enfrentar, no podemos permitirnos que la situación nos secuestre emocionalmente. No podemos perder la fe.

Ahora, quiero darte un testimonio que conservo aún hoy como una experiencia de crecimiento: una joven mujer que asistía en aquellos momentos a la iglesia me vio triste y tomó la iniciativa de comprar unos bizcochos y venderlos en la calle. Después me entregó el dinero con una carta que decía:

Hola, Dayna y Edgar:

Espero que muy pronto se resuelva su situación. Verás que Dios tiene el control. El jueves pasado me conmovieron tus lágrimas porque sé que nosotras, como esposas, nos preocupamos mucho más.

En ese momento no tenía dinero, pero Dios me tocó y vendí unos bizcochitos y toda la ganancia es para ustedes. Así Dios lo quiso.

Espero que esto sea pasajero y que pase ya.

Rut

Att:
¡Dios nos da pruebas que no podemos soportar!

Así terminaba su carta. Una carta escrita por ella de puño y letra que aún conservo, y que me conmovió profundamente no solo por su gesto, sino por saber que Dios vio mis lágrimas y contestó mis oraciones. No tienes ni idea de cómo lloré, ¡lloré tanto! Era una mezcla de emociones. No recuerdo la fecha exacta y la carta no la lleva escrita; tal vez han pasado más de diez años, no estoy segura. Pero cuando busqué la carta para transcribirla tal como ella la escribió, comencé a llorar otra vez. ¿Sabes lo que es que una persona, en obediencia a Dios, vaya y compre unos bizcochos y salga a la calle a venderlos para bendecirte? Porque no era que tenía el dinero, no era que le sobraba, era que obedeció. ¿Cuántas de nosotras podemos ver la necesidad de alguien y hacer algo así? Seamos sinceras, a veces ni preguntamos. Dios puede sorprenderte; no pierdas la fe, amiga. Dios tiene cuidado de ti.

Durante la pandemia enfermé de covid-19, como muchas de ustedes. En mi caso me provocó una neumonía. Fue una temporada muy mala y difícil para mí. Pero no me faltó comida nunca. Las hermanas de la iglesia me dejaban la compra en la puerta de mi casa. Mi pastora me llevó sopa y la bendijo de una manera muy especial. Mis amigas fueron un bálsamo en mi tiempo de angustia entre compras, ofrendas de amor y llamadas. Son esos momentos únicos cuando ves la provisión de Dios de manera sobrenatural. Y créeme, no soy la hija favorita de Dios. Pero el mismo Dios que proveyó para mí lo hará para ti también. Solamente cree.

Si sientes que estás perdiendo el control, toma un momento para orar, pensar y calmarte, porque la adulta eres tú y debes comportarte como tal. Esto quiere decir que es necesario que seas tú quien trace los límites, sin autoritarismo ni agresividad, pero sí desde el control. Tus hijos todavía no saben muchas cosas de la vida y necesitan confiar en que tú puedes ayudarles. De lo contrario, intentarán resolver sus asuntos por ellos mismos, se volverán mandones y exigentes y dejarán de acudir a ti cuando se sientan enfadados o tristes, porque les preocupará que tú no seas capaz de hacerte cargo de sus emociones.

Procura generar espacios para comunicar los sentimientos desde la calma, la aceptación y la conexión, porque esto aumenta la inteligencia emocional de los niños. Permitirles expresar con palabras sus emociones, identificar lo que les sucede sin hacerlos sentir juzgados, les ayudará a entenderse y comprender mejor a los demás. Ten en cuenta que es muy difícil hacerlo en el momento del enfado, por lo que en ese instante es mejor la aceptación y, cuando se haya calmado el ambiente, hablar con tranquilidad y empatía sobre lo que sucedió.

Cuando te des cuenta de que tus hijos están fuera de sí, lo mejor que puedes hacer (después de calmarte) es intentar reconectar con ellos para que puedan regular sus emociones. Cuanto más conectados estemos con ellos, mejor se comportarán, aunque les tengas que decir que no. Es probable que mientras están enfadados digan o hagan cosas de las cuales después se arrepientan: «Eres fea», «No te quiero», «Eres la peor madre del mundo», «Me quiero morir», etc.; pero ese no es el momento de decirles que son maleducados, sino de mostrar compasión y permitirles que se expresen y muestren lo que les ha llevado a comportarse de ese modo. Si se sienten seguros y apoyados, podrán vivir lo que sienten y soltar el malestar. Acepta sus sentimientos, aunque sean inadecuados, para que ellos puedan entender que deben procesar sus emociones en lugar de reprimirlas. Sentirse apoyados les ayudará a entender que pueden pasar por momentos complicados emocionalmente, pero que tal y como esos sentimientos han llegado se irán; esto les ayudará a ser resilientes.

Muchas veces los castigos logran el efecto contrario porque les transmiten el mensaje de que esas emociones son malas, con lo cual tratarán de reprimirlas en lugar de expresarlas de manera adecuada. Esto provoca que se llenen de sentimientos negativos y, en ocasiones, que se comporten todavía peor. Por eso, tal como te dije antes, es mejor guiar su comportamiento conversando y disciplinando si es necesario, pero sin avergonzarles o violentarlos. Ayúdales a comportarse como es debido con amor.

Ya sé que no es fácil, pero es posible. Mantén la ropa lista para la temporada que se aproxima, comprometiéndote a ser una madre amorosa, que traza límites, es empática, llena de Dios y preparada para vestir a sus hijos con «ropas dobles».

Mi momento de reflexión

1. ¿Cómo puedo construir una relación con mis hijos que les inspire a contarme las nuevas experiencias que les preocupan?

   _____

   _____.

2. ¿Cómo manejaré mis reacciones para que no impidan la confianza que me tienen?

   _____

   _____.

3. Mi aprendizaje de hoy es:

   _____

   _____.

4. Mi oración de hoy es:

   _____

   _____.

#NoPierdasLaCalma

Capítulo 28
TÓMATE UN
DESCANSO

Está claro que ser madre es una responsabilidad, en ocasiones, hermosamente agotadora. Es una labor que nunca termina. Por esta razón, debes tomar tiempo para ti. Ponte de acuerdo con tu esposo, pide ayuda a un familiar o túrnate con una amiga y que ella cuide de tus hijos y tú de los suyos; pero ¡hazlo! Agenda un espacio y asiste a un evento de mujeres, lee un buen libro, tómate un buen baño, pide hora para arreglarte el cabello. Haz aquello que te ayude a desconectarte del afán diario. Esto es necesario para ti y tu familia.

La Palabra de Dios nos habla de tomar tiempos de reposo. El Salmo 46:10 dice: «Quédense quietos, reconozcan que yo soy Dios». El descanso nos lleva a detenernos del afán diario y a reconocer el poder de Dios en nuestra vida. Nos aleja de la preocupación y del cansancio físico, nos ayuda a recuperarnos de la enfermedad y nos obliga a reflexionar y reiniciar el modo en que estamos viviendo. El descanso nos permite disfrutar del momento de vida que experimentamos.

En muchas ocasiones, cuando mis hijos eran pequeños, mi esposo llegaba a casa después de trabajar y yo salía por una hora y regresaba. Para mí era como una eternidad, pero era muy necesario. Gracias a Dios, él podía entender y valorar ese tiempo para mí. A mí me encanta la lectura y hacer reflexiones diarias. Así que siempre tengo libretas y pensamientos escritos que han nacido de mis momentos de descanso a solas. Muchas de esas reflexiones son parte de este libro.

Deja de pensar que ellos no pueden estar sin ti. Deja de creer que no necesitas ese tiempo. Eso no es cierto. Tomar tiempo para ti mejorará tu calidad de vida y la de toda tu familia. Ninguna persona agotada de manera física, emocional y mental puede ser eficiente en las relaciones humanas. Dios te ayudará a tener éxito como madre y cumplirá sus planes a través de ti, no porque tú seas perfecta, sino porque Dios es perfecto. Su mismo nombre, Emmanuel, significa «Dios con nosotros».

Tranquila, relájate y tómate un descanso; diviértete, haz algo diferente solamente para ti. Te lo mereces. El mundo actual nos lleva al exceso de actividades y trabajo, a las presiones de la vida, a vivir con ansiedad y fuera de toda calma. El afán diario de obtener y hacer nos está llevando a desarrollar enfermedades emocionales, físicas y mentales. No puedes continuar tu vida sin tener un tiempo de descanso.

DESCANSO EMOCIONAL

¿Te has sentido alguna vez muy cansada sin que exista una causa física, sin que hayas tenido que realizar un esfuerzo intelectual muy grande o sin estar enferma? Quizás tus emociones también necesitan descansar.

«El descanso emocional es necesario precisamente porque existe la fatiga emocional. Hay situaciones en las que mantenemos en el tiempo un tono emocional muy alto. Por ejemplo, la pérdida de un ser querido, un divorcio, el despido de un trabajo, un desengaño, el acoso o bullying, etc. También están los casos en los que uno o varios estímulos no son tan intensos, pero sí son exigentes en alguna medida y se mantienen durante mucho tiempo. Por ejemplo, es lo que ocurre con la soledad crónica.

También con cualquier estado de tristeza, ira, resentimiento, etc., que se prolonga sin encontrar una resolución. El resultado en estos casos es el agotamiento emocional. Se experimenta, principalmente, como falta de energía y motivación, que no se puede catalogar como mental o física, pero que tiene efectos similares»[17].

Este agotamiento, al igual que el mental y el físico, debe ser tratado. Pero antes de darte sugerencias humanas, quiero sembrarte algunos versos bíblicos (tomados de la RVR60) que me han provisto de descanso emocional:

Porque yo Jehová soy tu Dios, quien te sostiene de tu mano derecha, y te dice: No temas, yo te ayudo.

Isaías 41:13

Fíate de Jehová de todo tu corazón, y no te apoyes en tu propia prudencia. Reconócelo en todos tus caminos, y él enderezará tus veredas.

Proverbios 3:5-6

El corazón del hombre piensa su camino; mas Jehová endereza sus pasos.

Proverbios 16:9

Mi carne y mi corazón desfallecen; mas la roca de mi corazón y mi porción es Dios para siempre.

Salmo 73:26

Alzaré mis ojos a los montes; ¿de dónde vendrá mi socorro? Mi socorro viene de Jehová, que hizo los cielos y la tierra.

Salmo 121:1-2

Muchos pensamientos hay en el corazón del hombre; mas el consejo de Jehová permanecerá.

Proverbios 19:21

Yo soy la vid, vosotros los pámpanos; el que permanece en mí, y yo en él, este lleva mucho fruto; porque separados de mí nada podéis hacer.

Juan 15:5

No lo digo porque tenga escasez, pues he aprendido a contentarme, cualquiera que sea mi situación.

Filipenses 4:11

Él da esfuerzo al cansado, y multiplica las fuerzas al que no tiene ningunas.

Isaías 40:29

No dará tu pie al resbaladero, ni se dormirá el que te guarda.

Salmo 121:3

Así que, no os afanéis por el día de mañana, porque el día de mañana traerá su afán. Basta a cada día su propio mal.

Mateo 6:34

Unánimes entre vosotros; no altivos, sino asociándoos con los humildes. No seáis sabios en vuestra propia opinión.

Romanos 12:16

Jehová es mi pastor; nada me faltará. En lugares de delicados pastos me hará descansar; junto a aguas de reposo me pastoreará.

Salmo 23:1-2

Jehová peleará por vosotros, y vosotros estaréis tranquilos.

Éxodo 14:14

A Jehová he puesto siempre delante de mí; porque está a mi diestra, no seré conmovido.

Salmo 16:8

Si Jehová no edificare la casa, en vano trabajan los que la edifican; si Jehová no guardare la ciudad, en vano vela la guardia.

Salmo 127:1

La bendición de Jehová es la que enriquece, y no añade tristeza con ella.

Proverbios 10:22

Cuando yo decía: Mi pie resbala, tu misericordia, oh Jehová, me sustentaba.

Salmo 94:18

Porque ¿quién soy yo, y quién es mi pueblo, para que pudiésemos ofrecer voluntariamente cosas semejantes? Pues todo es tuyo, y de lo recibido de tu mano te damos.

1 Crónicas 29:14

Desde mi angustia clamé al Señor, y él respondió dándome libertad.

Salmo 118:5

Guárdame, oh Dios, porque en ti he confiado.

Salmo 16:1

Y los que viven según la carne no pueden agradar a Dios.

Romanos 8:8

Porque no se apoderaron de la tierra por su espada, ni su brazo los libró; sino tu diestra, y tu brazo, y la luz de tu rostro, porque te complaciste en ellos.

Salmo 44:3

¡Oh Jehová, Dios de los ejércitos, restáuranos! Haz resplandecer tu rostro, y seremos salvos.

Salmo 80:19

Porque de la manera que en un cuerpo tenemos muchos miembros, pero no todos los miembros tienen la misma función, así nosotros, siendo muchos, somos un cuerpo en Cristo, y todos miembros los unos de los otros.

Romanos 12:4-5

Como mujeres y madres que somos, necesitamos confiar en Dios y depender exclusivamente del único que en realidad tiene el poder de ayudarnos.

Para finalizar, te presento algunas estrategias que puedes considerar, sin dejar de entender que dependes de Dios. Estas recomendaciones, escritas por el psicoterapeuta Jorge Domínguez, te ayudarán a tomar lo que él llama unas «vacaciones emocionales»[18]:

1. *Reconoce que tus emociones te han superado.* Si te sientes ansiosa, estás demasiado cansada o estallas sin aparente motivo, tal vez es momento de que te des unas vacaciones emocionales.
2. *Date un tiempo.* Muchas veces este cansancio emocional que padecemos es porque nos entregamos a todos los demás: el jefe, los amigos, los hijos, la pareja, los padres; y nosotros no somos atendidos hasta el final. Nuestras necesidades siempre las postergamos. Por ello hoy te toca darte un espacio para ti. Unos minutos al día para dedicarlos a lo que más desees.
3. *Crea un sitio o escoge un lugar.* Un lugar especial —aunque sea pequeño— en tu casa, tu oficina, tu jardín… donde puedas estar justamente contigo misma y puedas dedicar un tiempo para disfrutarlo.
4. *Vacíate de pensamientos.* Aprende a disfrutar de no hacer nada, de estar ociosa. Intenta vaciar tu cabeza (como cuando arreglamos los cajones, que primero sacamos todo para luego acomodar cada cosa en su lugar). Acomoda cada cosa en su sitio. Si has sacado todo «del cajón», ahora analiza lo que sirve y lo que no sirve. Muchas veces guardamos emociones como

miedos a cosas que ni siquiera hay posibilidades de que pasen, y que no nos sirven de nada; otras veces guardamos asuntos que ni siquiera son nuestros. Separa las emociones en las que no te sirven y las que te pueden servir para crecer o sentirte mejor. Acomoda todo en su lugar.

5. *¡Delega!* Hablando de tener el control, eso es otra cosa que debemos aprender, a que el único control que podemos tener es de nosotros mismos. Habitúate a delegar, haz que otros se ocupen de aquellas tareas que pueden hacer y que no es del todo necesario que hagas tú. Hazlo tanto en el trabajo como en casa. Así podrás tener menos responsabilidades que te abrumen y más tiempo para ti.

6. *¡Pide ayuda!* Un factor importantísimo del descanso emocional es asumir el momento en que requieres que otro(s) te ayude(n). Este es un tema difícil porque a veces pedir ayuda es como aceptarnos «incapaces», «débiles», «insuficientes». Si es tu caso, considera qué es lo que pasaría si pides ayuda y los otros te auxilian de buena voluntad. Esa ayuda es un bien que te estarías negando en perjuicio de tu salud emocional.

7. *Conecta con los demás.* No te escondas. Habla con tu familia, amigos y entorno, conecta con ellos, fortalece esas relaciones y déjate ayudar. Hay muchas formas de hacerlo: reserva un tiempo cada día para estar con tu familia, llama más frecuentemente a los amigos, habla sobre tus emociones, usa la tecnología para mantener el contacto con personas que viven lejos.

Mi momento de reflexión

1. ¿Me siento culpable cuando me tomo un tiempo para descansar de mis deberes?

   _____

   _____.

2. Observaré cómo, cuando logro descansar de alguna manera, tengo nuevas energías y otra perspectiva de mi día y de mi vida.

3. Mi escapadita por un ratito será:

   _____

   _____.

4. Mi aprendizaje de hoy es:

   _____

   _____.

5. Mi oración de hoy es:

   _____

   _____.

#DesconectarEsImportante / #DescansoEmocional

Capítulo 29

MAMÁ ESTRATEGA

«Nunca he visto abandonado al justo
ni a sus hijos mendigando pan».

Salmo 37:25

Las madres estratégicas debemos ser sabias y prudentes con el ambiente relacional que les proveemos a nuestros hijos. Está claro que eso no se basa en la acepción de personas. Pero tenemos la oportunidad de elegir dónde y con quién se pueden relacionar nuestros hijos.

Una de las formas en que podemos ser estratégicas es en las relaciones en la comunidad de fe que elegimos. Como madre, de manera intencional y estratégica, hace cinco años me mudé a Florida buscando oportunidades educativas para mis hijos. Acepté un empleo que me permitió estar en la misma escuela que ellos. Cuando eran pequeños, desempeñé empleos que me permitieron estar con ellos hasta que cumplieron más de tres años. Fueron decisiones estratégicas que yo tomé para el bienestar y el desarrollo integral de mis hijos.

A cierta edad nuestros hijos necesitan sentirse ser parte de un grupo. La práctica de algún deporte es una manera estratégica para establecer relaciones, además de fomentar la participación en las actividades extracurriculares. Cuando pases tiempo con ellos, sé estratégica con las conversaciones que tienen.

Ser madres estratégicas es desarrollar la habilidad para evaluar las situaciones y las metas. Es preguntarse: «¿Qué estrategia usaré para que mis hijos puedan adaptarse a las situaciones? ¿Cómo podrán cambiar la perspectiva de lo que están viviendo?».

Dios nos invita a esforzarnos y ser valientes. Una vez que nos esforzamos, tenemos que esperar los resultados. En ocasiones, los resultados no se ven de manera inmediata. Una madre estratégica no actúa por impulso; analiza la situación primero y hace una búsqueda de información. En las relaciones y en la multitud de consejeros puede recibir guía. En muchas ocasiones, hablando con alguien nos han llegado alternativas o posibles soluciones. No te ahogues en un vaso de agua; simplifica y toma una decisión.

No tengas temor de tomar decisiones. Muchas mujeres pasan por una parálisis a la hora de hacerlo, pues les llegan pensamientos del pasado. No les des cabida, pero aprende a valorar ese pasado que te ha ayudado a ser una mujer sabia y madura hoy. Si la decisión no es la apropiada, aprendiste del proceso... y eso ya es ganar. Crea, con un acto de fe, una puerta de oportunidad. Ser estratégica también significa adaptar tu realidad al momento presente. Hay ocasiones en que no tenemos el dinero, las oportunidades o las relaciones para actuar; pero siempre tendremos a Dios, quien nunca nos ha dejado, no nos deja y no nos dejará.

Hablando de ser estratégica, quiero nuevamente enfatizar el descanso y esos tiempos que necesitas para pensar, analizar y evaluar. Muchas mamás no tienen días libres: pasan todos los días de su vida, incluso feriados y fechas especiales, limpiando, cuidando y atendiendo a los demás. El resultado: mamás poco estratégicas, nada productivas y muy agotadas.

Por ejemplo, hubo muchos días especiales, como cumpleaños y días de la madre, en los que después de abrir mi regalo y tomar el desayuno en la cama, la vida volvía a la normalidad. Aunque ahora mis hijos ya son mayores y ellos y mi esposo colaboran con todas las tareas, decidí que esto no podía seguir así. Te cuento lo que hice. El día de mi cumpleaños decidí que quería estar sola. Sola conmigo misma. Así que me fui a desayunar sola. Comí donde quise y lo que me apeteció, y hablé conmigo misma. Ese fue mi regalo: silencio y amor a mí. Puedes estar pensando: «¡Qué egoísta!» o «¡Menuda suerte!». Estáte tranquila: luego compartí tiempo con mi familia; pero me di mi regalo. Si nunca has estado sola contigo no deberías juzgar lo que no conoces. Tengo amigas que tienen miedo de ir al cine solas o comer solas, y no hacen nada sin compañía. Debo aclarar que sí me gusta estar en grupos y me encanta confraternizar con mujeres, pero necesito mis tiempos de soledad. Esos momentos son los que me han ayudado a reflexionar y escuchar las instrucciones de Dios.

Compañera, madre trabajadora, ¿te lo imaginas? Tener un día solo para ti. Inténtalo. Desconecta de aquellas personas o pensamientos que no puedes cambiar o controlar, y también de las redes sociales. Conéctate con Dios y contigo misma.

No es demasiado tarde para coordinar tu propia escapada. Si bien a muchas mamás les resulta difícil justificar el hecho de dejar a sus familias, como te dije en el capítulo anterior, tomarnos tiempo y espacio para nosotras mismas no solo es bueno para nosotras, sino también para nuestros seres queridos.

Melissa Petro, de *Business Insider*, dice que «una "ausencia estratégica" es más que unas vacaciones»[19], y yo no puedo estar más de acuerdo. Es un período intencional únicamente con el propósito de estar lejos, ya sea en una conferencia para mujeres, un viaje de chicas o tal vez un viaje orquestado. La cuestión es que no estás físicamente allí para preparar la cena o ayudar con la hora de dormir. No estás disponible mentalmente para descubrir por qué el bebé está llorando o para ayudar a tu familia que nunca encuentra nada y no saben dónde están las cosas, aun cuando están rotuladas.

El primer congreso de mujeres al que fui después de nacer mi hijo tuvo lugar un fin de semana fuera de mi país de residencia. Mi bebé aún no había cumplido su primer año, y aunque mi esposo me apoyó y me animó a asistir al congreso, tuve que batallar con mi sentido de culpa y con algunos de los comentarios de las mujeres del grupo, que me hacían sentir irresponsable. Y ya no hablemos de las críticas de mi suegra y de mi mamá, de cómo iba a dejar a un niño y su padre por un fin de semana. ¡Pero fue un fin de semana glorioso! Visité St. Louis y fui a un congreso de Joyce Meyer. ¡Terminé aprendiendo tanto! Fue muy significativo porque ese año era la primera vez que una de las conferenciantes que participaba era puertorriqueña: se llamaba Jackie Rodríguez. Y si conoces a los boricuas, siempre sentimos orgullo patriótico cuando otro logra alcanzar experiencias como esas. Cuando regresé a casa, mi esposo valoró mi esfuerzo y trabajo como mujer, esposa y madre. Este tiempo nos sirvió para fortalecer nuestra relación como pareja. Fue parte de una estrategia.

Tal vez los que te rodean no te entiendan y te critiquen, pero necesitas «crear una estrategia con estrategia». Cuando lo hagas y los demás vean el resultado reflejado en todas las áreas de tu vida, relaciones, maternidad y familia, lo entenderán y te apoyarán.

Mi momento de reflexión

1. ¿Sabes que el tiempo que dedicas a planear estrategias en tu vida y con tus hijos te da tranquilidad y estabilidad?

   _____

   _____.

2. ¿Has probado a crear estrategias más sencillas y fáciles de implementar?

   _____

   _____.

3. Mi estrategia será:

   _____

   _____.

4. Mi aprendizaje de hoy es:

   _____

   _____.

5. Mi oración de hoy es:

   _____

   _____.

#MamáEstratégica

Capítulo 30
MAESTRAS DE
LA VIDA

*«Hijo mío, no te olvides de mis enseñanzas; más bien,
guarda en tu corazón mis mandamientos».*

Proverbios 3:1

Para guardar enseñanzas en el corazón necesitamos a alguien que ejerza el arte de enseñar. Enseñar se convierte en un arte cuando el maestro es capaz de reconocer a sus estudiantes como seres humanos llamados para un propósito divino. Y esa es una de nuestras funciones como madres: somos artistas, maestras de la vida hasta que la muerte nos separe. Tienes un contrato sin fecha de vencimiento porque, sin importar la edad, tu papel como madre y maestra permanece.

Para ello necesitas crecer y formarte para liderar. Porque sí, aunque no vayas a dirigir una empresa, un país o un grupo de personas, llevas un liderazgo interior que debes ejercer. Eres una líder, es decir, alguien que sirve a la gente y resuelve problemas. Alguien que no solo es capaz de transmitir conocimientos de lectura, escritura y matemáticas, sino también habilidades para la vida. Eres una líder capaz de relacionarte, guiar, comunicar y transmitir una visión; alguien con la habilidad de formar y crear una generación distinta, llena de don de gentes, talentos, capacidades y mucha fe. Eso es una responsabilidad que puedes cumplir desconectándote y desconectando a tus hijos del celular para conectarse con Dios.

Estamos en una época en la que la capacidad de atención disminuye velozmente. Nuestros niños y jóvenes están tan sobreestimulados que cada vez se hace más difícil mantenerlos concentrados. Ellos son «nativos digitales» y han crecido con la tecnología, mientras que a nosotras nos ha tocado esforzarnos por manejarla. Sin embargo, también hemos aprendido a vivir con el teléfono móvil en la mano y a sonreír primero a la cámara que a ellos; y a ponerles vídeos para que se calmen en vez de sentarnos con ellos a leer o dibujar. Eso sí, si llevan el celular a la mesa o no nos prestan atención cuando les hablamos por estar chateando, les regañamos. Qué poco coherente, ¿verdad?

Como dijo Tim Elmore: «Si no estás dispuesto a hacer lo que pides a los demás, ni empieces. Tienes que hacerlo tú antes de pedírselo a nadie más».Parece obvio, pero no pararé de insistirte en que tú eres su ejemplo. Por tanto, si tú quieres que tus niños estudien, se formen y adquieran conocimiento, tú también necesitas hacerlo. No puedes simplemente dar órdenes sin estar dispuesta a hacer lo que les pides que hagan. Algunas veces vemos a mujeres ejercer su maternidad como líderes innatas, decididas y motivadas; y quizás piensas que tú no puedes ser así. Pero créeme, sí que puedes. Solo necesitas creer, aprender y enseñar lo que aprendas.

Esto no quiere decir que no vayas a cometer errores, porque sí lo harás. De hecho, quiero describirte los cuatro errores más comunes que cometemos en la educación de nuestros hijos, extraídos del libro *Doce errores graves que los padres pueden evitar,* escrito por Tim Elmore. Escuché esto en una entrevista maravillosa que le hicieron al autor[20] y que me llevó a analizar nuestra realidad y lo que podemos hacer para cambiarla. No te los muestros para que te sientas culpable o incapaz; por el contrario, lo hago para que tengas una actitud de aprendizaje en este camino que estamos recorriendo juntas.

- *Arriesgamos muy poco*: Esta es una generación en la que la seguridad es tan prioritaria que no queremos que nuestros hijos asuman ningún riesgo. Pero ¿no crees que asumiendo riesgos se crece? Si me hago un rasguño, me levanto y vuelvo a intentarlo. Esas son cosas normales, pero nos preocupamos mucho por su seguridad. A veces me da la impresión de que su edad biológica es normal, pero la emocional es menor porque nunca se les ha permitido fracasar, que es cuando se aprende.

- *Rescatamos muy rápido*: Los padres siempre están rescatando a sus hijos: van a negociar las notas con el profesor y, a veces, incluso con el profesor de la universidad. Tenemos que dejar de rescatar tanto y permitir que nuestros hijos crezcan y negocien por ellos mismos.

- *Elogiamos con mucha facilidad*: Vivimos en una época en la que queremos que nuestros hijos tengan una buena autoestima. Pero la autoestima no se construye solo elogiándolos; deben conseguir algo. Hace falta el elogio y el logro. Tenemos que dejarles hacer lo que tengan que hacer. Y en vez de decirles que son fantásticos por meter un tenedor en el lavavajillas, tenemos que darles las gracias por hacerlo y reservar nuestros elogios para aquellas cosas en las que realmente destaquen.

- *Recompensamos con demasiada facilidad*: Le damos trofeos a todo el mundo solo por jugar, por hacer acto de presencia. Insisto: yo creo que tenemos que premiar adecuadamente, estoy a favor. Pero los niños piensan: «Esto no significa nada si me lo das solo por hacer acto de presencia». Y luego piensan: «Con ir al trabajo basta, no tengo que hacer nada, mi jefe me premiará». Pero no funciona así.

El mejor aprendizaje tiene lugar cuando alguien dice: «Creo en ti tanto como para decirte: "Toma un problema, hay que resolverlo, hazlo tú"». Hay que involucrarles, proporcionarles experiencias.

Apoyemos a nuestros hijos para que aprendan en la escuela y en la vida. Permitámosles caer, levantarse y sacar una enseñanza de aquella experiencia. Debemos involucrarnos en su crecimiento y educación de una forma activa, respetando que probablemente no lo aprenderán todo, pero aprenderán aquello que aman. Ayudémosles a amar el conocimiento y las lecciones que dan las experiencias, buenas y malas.

Sé que ellos te preocupan y quieres hacerlo bien. No te engañes con el pensamiento de que ellos no te valoran, no te escuchan o no te aman. Haz caso omiso de ese pensamiento y continúa enseñándoles sin rendirte. Me ha pasado miles de veces que he creído que ellos no me están prestando atención y luego, en alguna situación, veo en sus acciones que sí entendieron el mensaje.

Esta reflexión tiene como objetivo que tengas claro que es tu responsabilidad educarlos. Ellos te van a contestar: «Mami, ya lo sé». Y no, no saben nada y necesitan que tú les enseñes. ¿Que si es agotador? ¡Muy agotador! Parece que cuando piensas que ya lo han aprendido, pasa algo que te hace repetir la lección.

Cuando una maestra ofrece una clase, evalúa de diferentes maneras si su estudiante ha aprendido. Una de ellas es preguntándole sobre el tema y ofreciendo un examen. Si el estudiante no logra mostrar que domina la destreza, el buen maestro no continúa con otra materia, sino que enseña nuevamente esa destreza hasta que el estudiante logra aprender el material.

Como madres, tenemos que utilizar el mismo recurso, llenas de mucha paciencia y amor. Ellos no aprenderán si tú no les enseñas. No es responsabilidad del pastor, líder, maestro, comunidad de fe ni de la escuela; es tuya y es mía.

Hay asuntos que no se enseñan a cualquier edad, sino en un momento específico que Dios te provee. Así que cuando sientas que es el momento oportuno para hablar de un tema, ponte en acción inmediatamente. No estás sola en esta escuela. El sistema educativo del reino de Dios está basado en principios bíblicos para ser aplicados en nuestra vida diaria. Como en todas las clases tendremos dudas, exámenes y asignaciones especiales, pero cada curso tiene un propósito y un aprendizaje específico. Tu director escolar se llama Dios. Confía: Dios guiará tus palabras y tus acciones.

«Debemos preparar a los niños para el camino, no el camino para los niños» (Tim Elmore).

Mi momento de reflexión

1. ¿Cuál es mi estilo de enseñanza?

   _____

   _____.

2. Hoy voy a observar cómo mis hijos me escuchan, siguen y aprenden mejor según cómo les hable y enseñe.

3. Mi objetivo de enseñanza hoy será:

   _____

   _____.

4. Mi aprendizaje de hoy es:

   _____

   _____.

5. Mi oración de hoy es:

   _____

   _____.

#MaestrasDeLaVida / #SoyMamáMaestra / #AprendoYEnseño

Capítulo 31

HAZLO CON AMOR

«Hagan lo que hagan, trabajen de buena gana, como para el Señor y no como para nadie en este mundo».

Colosenses 3:23

El amor es un elemento clave en el desempeño de ser madre. Las madres cultivamos el perfecto amor cuando tenemos una relación con Dios. ¿Recuerdas los días en los que anhelabas la llegada de tu bebé? ¡Y llegó! Con todas sus sonrisas, ocurrencias, alegrías... responsabilidades... gastos... Y después piensas: ¿cuándo se casará? Es broma. Los amamos en lo bueno y en lo malo, aunque a veces no sepamos bien cómo hacerlo.

Tal vez tu referente en la maternidad fue una madre ausente, una madre que no era cariñosa o una madre sobreprotectora. Quizás, después de todas tus experiencias, piensas: «No quiero repetir con mis hijos la historia que yo viví. Yo lo haré diferente». ¿O es al contrario? ¿Eres una de esas madres que justifica sus acciones poco saludables escudándose en el pasado, con frases como: «Conmigo no fueron cariñosos, así que no sé cómo ser cariñosa»? Déjame decirte que todas, independientemente de las circunstancias de nuestra vida, podemos escoger entre dos opciones: poner excusas o hacer cambios.

Las excusas solo satisfacen a quien las da y no a quienes las reciben. Cuando aceptas a Cristo como tu Salvador recibes la invitación de renovar la forma de manejar tus emociones y pensamientos. Eres madre y eres capaz de hacer las cosas en amor y con amor. ¿Tienes días en los que no quieres hacer absolutamente nada? Pues no lo hagas, mañana será otro día. Pero no hagas las cosas quejándote y maldiciendo. Esto te amarga el alma y todo el ambiente de tu hogar.

Hay tareas que tal vez no te encante hacer, a muchas nos pasa, pero puedes buscar estrategias que te hagan disfrutar eso que te cuesta más. Yo, por ejemplo, lo que hago es prender una vela aromática, poner música y ¡manos a la obra! Te animo a buscar lo que te funcione a ti, pero decide hacerlo todo libre y espontáneamente con amor.

Ten cuidado de no confundirte creyendo que no tienes ninguna responsabilidad ante Dios. No importa si otros no están cumpliendo, no importa si contigo no lo hicieron. Tampoco puedes conformarte recordando lo que hiciste en un momento de tu vida y pensar que con eso ya está todo hecho y ya cumpliste con tu misión de vida, porque la misión de vida termina solo con la muerte. Mientras tengas vida, tu misión continúa; es tu obligación, tu deber.

Sé una persona amorosa y paciente, no solamente con los demás, sino contigo misma. Ser positiva y participar de conversaciones saludables son algunas de las claves para lograrlo. Acaba con esa voz crítica en tu interior y presta más atención a las cosas y personas buenas. De esta forma, pronto vivirás una vida más amorosa y feliz.

Aprende a dar tiempo, a servir a tu familia, amigos y a la congregación a la que asistes. Incluso puedes donar tiempo, recursos y esfuerzo a organizaciones sin fines de lucro. Perdona y perdónate. Rodearte de personas amorosas te servirá de motivación. Sé optimista, no esperes nada a cambio y reflexiona sobre cómo te sientes después de haberlo intentado. No dejes de hacerlo solo porque nadie lo haga contigo.

La invitación es a obedecer a Dios, y Él es quien suplirá tu cosecha. Imagínate cómo sería este mundo si todas decidiéramos ser amorosas. No esperes a que los demás empiecen; sé tú la primera.

Cuidado con a quién le prestas tus oídos. Cuidado con las conversaciones que corrompen las buenas costumbres. No contamines tu corazón ni seas parte de los murmuradores. Repite conmigo: «Yo no fomento la murmuración ni participo de ella». No te involucres en comentarios que no son de edificación; no muestras el carácter de Dios cuando te envuelves en tal práctica. La Biblia dice que la lengua es un órgano pequeño, pero que enciende llamas de fuego. Con tus palabras puedes lastimar a una persona más fuertemente que con un golpe físico.

«No erréis; las malas conversaciones corrompen las buenas costumbres» (1 Corintios 15:33).

Un día decidí establecerme metas en las tareas del hogar para no tener que hacerlas los sábados o domingos, y mi familia me apoyó. Juntos decidimos que los fines de semana no haríamos labores domésticas, sino que dedicaríamos más tiempo a nuestra familia y amigos, a divertirnos, entretenernos y crecer. Ese acto tan simple para nosotros representaba una muestra de amor.

El amor es una decisión que requiere una acción de nuestra parte. No es algo místico o mágico, pero sí necesita corazones sanos que puedan recibirlo y darlo. El amor no se puede manifestar libremente cuando en tu corazón hay raíces de amargura, enojo, odio o envidia. Tenemos que liberarnos de todo lo que albergamos de nuestro pasado o presente que no nos permite expresar el amor con libertad.

Tradicionalmente, desde que éramos niñas solíamos recibir como regalos muñecas, planchas, escobas, cocinitas y todos esos «juguetes educativos». En realidad, el mensaje que recibimos y aprendimos es que como mujeres debíamos ser madres abnegadas, esposas fieles, amantes en las noches y grandes amigas de día. Pero me pregunto: ¿será eso lo único que realmente debemos aprender?

Debo aclarar que estas líneas no son una crítica a ser madres y esposas, porque estos papeles son mis favoritos. De hecho, el papel de esposa lo desempeño con mi mejor esfuerzo ya hace más de veinte años; y el de madre apenas está iniciando, con un joven de diecinueve y una chica espectacular de trece que nunca, pero nunca me tiene aburrida. Lo que sucede es que, después de dieciocho años escuchando hablar a mujeres de diferentes edades y esferas sociales, me di cuenta de que a muchas de ellas se les dificulta vivir en y con amor porque no se aman ellas mismas.Por eso, con mucho amor y respeto, me inspiré a escribirte esto: no podrás ejecutar ninguno de los papeles que desempeñas sin antes tener una identidad clara, plena y satisfecha contigo misma. Esto es algo mucho más fuerte que tener una autoestima saludable. Es tan importante que te ofrecerá aliento aun cuando estés tirada en la cama enfrentándote a la autoconmiseración, la depresión y el enojo.

La vida es cíclica, y en las temporadas de vientos huracanados tendrás momentos de soledad, momentos contigo misma, y si no te conoces esa soledad te asustará. Necesitas saber quién eres para enfrentar los retos inesperados que trae la vida: el nido vacío, el esposo que tomó la decisión de no amarte más, la enfermedad que tocó tu puerta y cambió tu físico, el patrono crítico que jamás reconoce ni valora tus esfuerzos. Esos días en los que ni sabes por qué estás llorando o enfrentas un cambio hormonal y no hay pastilla que te deje dormir.

Los retos son enviados con propósitos. No todos los medicamentos recetados nos gustan, algunos hasta tienen efectos secundarios, pero en ocasiones son necesarios para la recuperación de una enfermedad. De la misma manera, una experiencia difícil puede ser necesaria para nuestro crecimiento. Sin embargo, los retos contigo misma son los más difíciles de enfrentar si no te amas ni te aceptas. Eso te llevará a ser adicta a la aprobación de la gente hasta el punto de perder tus propios deseos, intereses y necesidades por estar complaciendo a los demás, por no saber decir «no puedo» y ni siquiera considerar decir «no quiero». Este último jamás nos atrevemos a decirlo.

Más allá de tomar una muñeca y jugar a ser una mamá, mi invitación es a conocerte y conocer a quien te creó. Solo tu fabricante, Dios, puede ayudarte a sentirte plena y satisfecha aun cuando no haya dinero en tu cuenta bancaria o no puedas comprarte esos zapatos que tanto te gustan. Conócete a ti misma. Disfrútate, abrázate y valórate. Cuando no te conoces, eres propensa a estar temerosa y confundida. Mientras continúes la vida sin autoconocimiento, tus pensamientos serán como una guerra civil constante en tu mente. Y estos pensamientos pueden llevarte a lo peor.

Cuando aprendes que el amor de Dios es suficiente, ya puede pasar lo que sea e irse quien quiera marcharse, que aun así tú tendrás paz. Claro que en tu humanidad lloras, pero como siempre digo: «Amiga, esta noche lloras, pero mañana salimos de fiesta». Llorar o dejar aflorar tus sentimientos no es un reflejo de debilidad, sino de humanidad. Todos los procesos toman su tiempo y tú vas a poder superar el tuyo. Y cuando lo hagas, te asombrarás de lo diferente que te proyectas cuando sabes que tu identidad, tu vida, el amor, el gozo y la paz solo provienen de tu Dios, que es suficiente. ¡Suficiente, amiga! Él existe y se da en la cantidad adecuada, sin sobrar, para lo que necesites.

Amiga, toma tu vida y di: «¡Dios es suficiente para mí!». Tu identidad no está basada en una marca de ropa ni en cuántas veces tu esposo te dice: «Te amo». Tampoco está basada en tu físico o en la aprobación de la gente. «Vanidad de vanidades, dijo el Predicador [...] ¿Qué provecho tiene el hombre de todo su trabajo con que se afana debajo del sol?» (Eclesiastés 1:2-3). Las cosas de este mundo no pueden traer felicidad porque son temporales. El ser humano fue diseñado para conocer y disfrutar de Dios. Solo así estarás plena, feliz y satisfecha, y gritarás a los cuatro vientos: «¡Mi Dios es suficiente y esto me hace sentir feliz! ¡Mi Dios me ama y estoy llena de amor, por eso puedo amar a otros y hacerlo todo con amor!».

Mi momento de reflexión

1. Si me abruma todo lo que tengo que hacer, priorizaré mi papel de madre y sencillamente decidiré no hacer nada por un día.

2. Cuando me detenga pensaré en la belleza de mi maternidad y escribiré: «Amo ser madre porque…».

   _____

   _____.

3. Hoy analizaré qué cosas no estoy haciendo con amor y emprenderé alguna acción para cambiarlo.

   _____

   _____.

4. Mi aprendizaje de hoy es:

   _____

   _____.

5. Mi oración de hoy es:

   _____

   _____.

#AmoSerMadre / #TodoConAmor / #MeAmoYLosAmo

Capítulo 32
ERES MAMÁ Y
ERES BELLA

«No existen mujeres feas, solo mujeres que no saben arreglarse».

Coco Chanel

¡**Cuántas** veces las madres nos olvidamos de ser femeninas y de vernos preciosas porque estamos rodeadas de pañales desechables! Luego, entre las múltiples actividades de nuestros hijos, los ponemos guapos a ellos y nosotras vamos como Cenicienta… después de las doce. Esta situación requiere un llamado de urgencia. Detente, amiga, y lee lo que te voy a decir: hoy arréglate como si fueras a una fiesta. Pero ¿para qué? Para que no olvides que tu fiesta de la vida es la celebración espectacular de que eres mujer. No estoy hablando de salir a competir con otras mujeres; las niñas compiten y las mujeres nos ayudamos. Estoy hablando de mirarte en el espejo y decir: «Soy mamá, soy mujer y ¡soy bella!».

La vida es muy corta para andar con ropa o zapatos que no nos sirven o que ya no usamos. Así que ponte a organizar tu guardarropa, dona lo que no sirva y prepárate para darle la bienvenida a todo lo que va a llegar.

Ser femenina es cultivarte desde tu interior de manera que se refleje en tu exterior; es el amor por tu propio cuerpo y el placer de resultar atractiva a tu manera, y no según los cánones que dictan las marcas de cosméticos o de ropa. Acéptate bella tal y como eres. ¡Cuántas mujeres viven acomplejadas porque no se sienten hermosas por estar comparándose y criticándose! Tal vez te preguntes: «¿Y qué tiene este tema que ver con asuntos espirituales?». La respuesta a esa pregunta es que Dios nos diseñó como seres vivos, y a veces andamos por la vida como si estuviéramos emocionalmente muertas. Ser espiritual no significa que te abandones y descuides tu persona. Te invito a que te aceptes y desarrolles amor propio. El factor importante para hoy es que te sientas la hermosa creación de Dios que eres. La Palabra de Dios nos habla de que el corazón alegre hermosea el rostro.

Desde que era una joven universitaria he empleado este argumento indiscutible en mi pensamiento: «Debo enfocarme en cultivar mi belleza interior. Creo que la gente no debe juzgar un libro por su portada (aunque espero que la de este libro te haya gustado). Esto significa que debo enfocarme en convertirme en una persona de amor, coraje y carácter».

Ahora bien, cuando mis hijos llegaron a la adolescencia, modifiqué, o más bien amplié, este pensamiento. Porque no sé los tuyos, pero los míos opinan, critican, comentan mi ropa, los zapatos, mi pelo, mi maquillaje... no se callan nada. Algunos hijos no se atreven a decir nada a sus madres, pero en el fondo desean que su mamá se haga algo diferente en el pelo o que cambie su ropa. No tienen la valentía de decirlo a sus mamis por falta de confianza, por no lastimar o por miedo a su reacción, pero lo hablan con los amigos, con sus maestros o, peor aún, lo publican en las redes sociales. No lo dicen, pero los ves bajar la cabeza cuando su madre los visita en la escuela o deben presentársela a algún amigo.

Esto me llevó a esforzarme más en mi cuidado personal. Sin dejar de ser realista, empecé a conocerme y aceptarme en lo bueno y en lo mejorable. Hice un esfuerzo intencional en cuidarme más y mejor, respetando siempre mi esencia, mi personalidad y lo que me hiciera sentir cómoda, sin que necesariamente representara gastar mucho dinero. Trabajé en lo que pudiera resaltar sin dejar de ser yo. Es necesario mantener el equilibrio en este tema porque, si no lo hacemos, terminaremos intentando agradar a toda la humanidad, pero sintiéndonos incómodas e irreales. Es esencial ser auténticas, únicas y diferentes, pero con la seguridad del autoconocimiento.

Todas las acciones que realizamos cada día son una inversión. Si cuidas de ti significa que te valoras y te respetas, y esa imagen de valor y respeto la proyectas a los demás. Esto no tiene precio. Ser feliz es una decisión manejada por tus pensamientos, acciones y decisiones. La felicidad nos llena, nos hace disfrutar de la vida en armonía y paz. Por eso, ni se compra ni se vende... y solo Dios puede hacerte completamente feliz. La felicidad que proviene de Dios es más penetrante y poderosa que cualquier otra cosa que puedas experimentar. Tenemos que querer ser felices y luchar por ser felices. Sin felicidad, la vida no vale la pena.

De todo se aprende en esta vida, si queremos. Todo aprendizaje será un paso más en nuestra realización, y todas necesitamos aprender algo que nos ayudará. Aprender significa renovarse... te renuevas o te renuevas. Sentirte saludable, verte bien e invertir en ti son muy buenas formas de no perder nunca nuestra autenticidad y valor. Haz todo aquello que te beneficie, porque al igual que el «no puedo», el «invierto y cuido de mí» es otro potente mensaje.

Puedes experimentar y empezar a cuidarte con detalles pequeños. Te señalo uno: un año, para la celebración de las madres, quería un perfume. Casi siempre tengo algún vaporizador o perfume tipo colonia, pero quería un perfume que se relacionara con la temporada que estaba viviendo, una de muchos cambios. No sabía cuál comprar, así que fui a una perfumería y hablé con la empleada de la tienda, quien me enseñó una gran variedad de perfumes... y sus precios. Te confieso que no salí con ninguno, porque todo aquello estaba fuera de mi alcance económico. Pero sí le dije a Dios: «Señor, me gustaría tener un perfume», y dejé ese pensamiento en sus manos.

En el mes de mayo de ese año, para la gloria de Dios, tenía varias invitaciones a predicar. Con mucha alegría fui a la primera invitación y ¿sabes qué me regalaron? ¡Un perfume! ¡Sí, un perfume! Luego salí a ministrar fuera de mi país de residencia actual y ¿sabes qué me regalaron? ¡Otro perfume! Estaba feliz y sorprendida porque ambos perfumes eran nuevos para mí y me encantó su fragancia. Me sorprendió porque, por lo general, un perfume es muy personal, y no imaginé que tuvieran ese detalle para mí.

Otro día estaba con un grupo de mujeres y les testifiqué sobre lo que me había ocurrido y cómo Dios me había concedido mi petición y sorprendido con el regalo. El sábado antes del día de las madres, cuando estaba a punto de terminar mi participación, una mujer tomó la iniciativa de salir a comprar un perfume, y al terminar de dar el mensaje me lo regaló y me dijo: «Dios escucha cada detalle de nuestros corazones y honra a los que le honran».

Ese año terminé la celebración de las madres con varias enseñanzas de vida: Dios sí escucha, a Dios le importa lo que es importante para ti y el trabajo en el Señor nunca es en vano. Recibí tres perfumes de personas que no me conocían, por las que nunca había hecho nada y que no sabían que eso era algo que yo no podía costearme en ese momento. Al final toda la gloria es, fue y será de Dios.

Eres la hermosa creación de Dios y tu vida entera es amada por Dios. Tú eres bella, valiosa, aceptada y amada con amor eterno. Es tu responsabilidad cuidarte, y no es equivocado ni erróneo hacer tu mejor inversión: invertir en ti misma.

Mi momento
de reflexión

1. Soy templo del Espíritu Santo y tengo que cuidarme. ¿Me siento incómoda por dedicarme el tiempo que podría dedicarle al hogar?

   _____

   _____.

2. Así como he creado el hábito de la oración diaria, crearé el hábito de mi tiempo personal diario. Haré mis tareas del día, pero me prestaré atención.

3. Hoy declaro: ¡Soy la hermosa creación de Dios!

4. Mi aprendizaje de hoy es:

   _____

   _____.

5. Mi oración de hoy es:

   _____

   _____.

#SoyMamáSoyBella / #MeAmoYMeCuido /
#SoyHermosaCreación

Capítulo 33

FAMILIA ES FAMILIA

«Nunca les hables mal del padre a tus hijos, eso les causa un daño terrible. Cuando ellos crezcan y tengan conciencia de los hechos podrán juzgar».

Lisa Firpo

Si hay un pecado mortal contra las emociones de tus hijos es que les estés hablando negativamente de su padre y de su familia, estén casados o no. Tenemos la tendencia a juzgar por nuestros propios parámetros y ser muy ligeras al hablar, mucho más delante de los niños. Y sí, tal vez crees que no tienen el padre ideal ni la mejor familia, pero te recuerdo que para el niño él sigue siendo su padre y ellos siguen siendo su familia. Cuando te dedicas a criticarlos, estás lastimando su identidad y su relación contigo.

Las familias son diversas, y tú no puedes controlarlo ni cambiarlo. En las reuniones familiares tus hijos tienen la oportunidad de ver la multiforme gracia de Dios; dales esa oportunidad y no los predispongas con tus comentarios o actitudes. Es importante que conozcan su herencia familiar: la cultura, la historia y la ascendencia de la familia, te guste o no. Recuerda que tú no puedes cambiar a nadie, pero sí debes preocuparte por presentarte aprobada ante Dios. La restauración de una persona es un proceso, y solamente Dios sabe el tiempo que necesita esa persona para remover lo que se ha acumulado durante sus años de existencia. Él es especialista en restauraciones y en renovar el corazón humano.

Mientras estemos señalando a los demás porque no cambian, lo que realmente estamos haciendo es juzgar el proceso de Dios con los demás. En vez de fomentar el odio y la crítica en tus hijos, ¿por qué mejor no les enseñas los principios bíblicos del amor a Dios y al prójimo? ¿Estás enojada? ¿Estás tentada a decir algo indebido? Mejor ve ante la presencia de Dios en oración y permite que el Espíritu Santo de Dios te ayude.

Es bueno y necesario desahogarse con alguien; habla con un profesional, un ministro o una amiga, pero no con tu hijo. Si te da resultado, puedes escribir cómo te sientes. Mis padres biológicos están divorciados y como hija, cuando era pequeña, tuve que escuchar las quejas y críticas de uno y del otro. Eso no me hizo bien para nada. Gracias a la misericordia de Dios y a su gracia inmerecida, a mis doce años de edad tuve un encuentro personal con Jesús y restauró mi corazón de forma inmediata. Cuidémonos de las expresiones despectivas y llenas de ira como: «Eres igualito a tu padre».

¿DÓNDE ESTÁ EL CORTOCIRCUITO?

Es importante entender que muchas veces estas actitudes tienen un origen un poco más profundo, que no tiene que ver simplemente con esa persona en cuestión ni con su familia, sino con el diseño de Dios para cada uno de nosotros, que ha sido distorsionado. Te lo explico mejor con una ilustración: casi todos los hogares tienen electricidad, que se libera por los receptáculos ubicados en las paredes. Pero para aprovechar la energía, hay que enchufar algo en esos rectangulitos.

Las mujeres están construidas como receptáculos, ya que son receptoras en cada área de su vida. Los hombres están hechos para dar física, sexual y emocionalmente, y para proveer a otros en la vida. La mujer fue creada del hombre para ayudarlo a lograr su tarea. En unión, ambos se complementan.

En otras palabras, una sierra eléctrica tiene un gran poder para cortar, pero es ineficaz hasta que no se la enchufa. El receptor permite que la sierra logre su propósito. Sin él, aunque sea muy potente, no funciona. También ocurre que si conectas un aparato con una potencia distinta a la del receptor, tanto el uno como el otro se pueden fundir.

¿Y qué tiene que ver eso con nosotras? Déjame explicarte. Hay cierta vulnerabilidad dentro del receptáculo debido a las distintas clases de enchufes que se han conectado. Puesto que Dios conoce esa vulnerabilidad, Él determinó que aquellos que se van a enchufar en la sexualidad y las emociones de la mujer tengan un compromiso. Jamás ha sido la intención de Dios que las parejas tengan relaciones sexuales pasajeras. Su diseño incluye siempre el compromiso de pacto. Por lo tanto, Él estableció que el hombre que tenga relaciones sexuales con una mujer tiene que estar comprometido con ella de por vida.

Así que, siguiendo la comparación, las mujeres debemos ser cuidadosas con lo que toma nuestra energía, porque eso puede alterar nuestra percepción de los hombres, crear falsos estigmas, llevarnos a tomar malas decisiones o reaccionar equivocadamente, siendo lo peor de esto la manera en que afectamos a nuestros hijos. Los enchufes equivocados pueden drenar nuestro poder.

Por eso Dios quiere que estés protegida, de la misma forma en que está tapada la salida de la electricidad. La mujer casada está protegida por su marido; la mujer soltera está protegida por su Dios. Él pide que seas cuidadosa con quién te descubre, porque no quiere que nadie vulnere el pertinente propósito para el cual has sido creada.

Para poder seguir adelante y comenzar una relación saludable, debes estar dispuesta a renunciar al ayer e ir hacia el mañana. Debes creer a Dios lo suficiente como para permitir que se acerque y remueva tu interior.

A veces, las mujeres están tan acostumbradas a ser heridas que cuando alguien se les acerca se ponen a la defensiva. Algunas tienen una actitud irritada y dura hacia los hombres, sin saber que la actitud afecta nuestra manera de vivir. Depende de cómo veamos la vida, así viviremos nuestra historia. Si una mujer sabe quién es interiormente, sin importar su aspecto exterior, no tendrá ningún problema para atraer a un hombre.

Si conoces tu valía, cuando estés delante del hombre adecuado, él mirará tus ojos y no le importará si son azules o si te pusiste la sombra adecuada. Él verá en ti confianza, paz, amor y vida. La soltería puede ser tu tiempo de *sabbat*, el tiempo de descanso, el día de restauración. Por eso un clavo no saca a otro clavo. Hay estar renovada y restaurada para recibir. No podemos castigar a otros por lo que una persona nos hizo; no podemos decir que todas las mujeres son iguales; pero tampoco será justo decir que todos los hombres son iguales, porque no lo son.

¡Deja la mentalidad del desierto! Decir: «Yo no necesito a nadie, puedo sola» es lenguaje de desierto, cuando en realidad muy dentro de ti tienes el deseo de un jardín. Necesitas tener una buena relación con Dios, con los hombres, con familiares y amigos. Teniendo mentalidad y lenguaje de jardín serás capaz de experimentar la plenitud, respondiendo al diseño de tu Creador. Tienes que ver el manual de tu fabricante e identificar si existe alguna herida que aún necesite ser sanada.

FALSAS EXPECTATIVAS

Algunas mujeres piensan que al casarse se resolverán todos sus problemas personales, pero siempre descubren que no es así, porque el matrimonio no resuelve problemas. Cuando dos personas se casan, se combinan dos grupos de problemas, y ahora ambos son afectados por esta combinación. Tener una falsa expectativa también es pensar: «Yo no me voy a casar con su familia, me voy a casar con él». ¡Error! Te casas con él y te casas con sus hijos y con el paquete completo. El matrimonio no es Hollywood: no existen personas perfectas ni matrimonios perfectos. Pero estar en unión con un hombre de Dios es una real bendición. El matrimonio es una bendición.

Creer que Dios no se mete en esos temas es un pensamiento inapropiado. A Dios le interesa con quién unes tu vida, porque con esa persona crearás vida. Por esto, la oración es un estilo de vida: no es un recurso de emergencia, sino una actividad diaria. Cuando decides casarte, el amor proviene de Dios.

También es importante aclarar que hay excepciones muy específicas, como en casos de violencia, abuso o maltrato, por las que el matrimonio finalmente termina. Pero sea cual sea la razón, si hay niños debes evitar a toda costa hablarles mal de su padre y de su familia. Con tal fin, te muestro algunas poderosas razones escritas por Lucy Ortega, de Bebés y más[21]:

- *Porque es confuso para los niños.* Muchas veces, en un momento de angustia o enojo, podemos decir algo que viene desde nuestras emociones y que puede ser difícil de interpretar para los niños. Dependiendo de su edad, es posible que ellos no comprendan lo que sucede y se lleven una idea errónea de la situación.
- *Porque es un asunto de dos.* Lo que haya ocurrido para que se diera la separación es algo que debe quedar únicamente entre la expareja. Si los hijos ya son mayores y pueden comprenderlo, podemos explicárselo, pero no es necesario ahondar en detalles que puedan ser complejos o dolorosos para ellos. Si necesitas desahogarte, hazlo con un psicólogo o alguna amistad de confianza, no con tus hijos.
- *Porque son relaciones distintas.* Como padres separados, es importante tener siempre presente lo siguiente: una cosa es la relación que hubo entre la pareja y otra la de padre/madre e hijos. El hecho de que entre ambos padres las cosas no hayan funcionado no significa que deberían afectar o contaminar la relación que tendrá cada uno de ellos con sus hijos. Son relaciones independientes, y eso debemos respetarlo.
- *Porque el bienestar emocional de tus hijos es lo primero.* Lo he dicho al principio y lo repito: en una separación lo más

DESDE EL *corazón* DE UNA MADRE

importante son los hijos, y esto incluye su bienestar, tanto físico como emocional. Si hablamos mal de la expareja, podríamos hacer que se sientan obligados a tomar partido, haciéndolos sentirse inseguros, tristes y confundidos.

- *Por respeto.* Es una regla muy simple: por educación y respeto. Recordemos que nosotros como padres somos el ejemplo para nuestros hijos. Si queremos que ellos sean respetuosos con otros, también debemos serlo con la expareja, incluso si la otra persona no lo hace.

- *Porque nada está escrito en piedra.* Incluso si la decisión de la separación fue definitiva, las personas pueden cambiar. El hecho de que en el pasado hayan tenido una mala experiencia no significa que las cosas continúen iguales en el futuro. Además, la vida da muchas vueltas y nunca se sabe cuándo necesitarán de él tú o tus hijos.

- *Porque siempre será su madre o padre.* Podemos divorciarnos de nuestra pareja, pero nunca de nuestros hijos. Haya sido una separación amigable o complicada, tu expareja siempre será el papá de tus hijos, y continuarán compartiendo la crianza durante algunos años. Por ello, siempre será mejor intentar mantener una relación cordial y amable.

Mi momento de reflexión

1. ¿Acostumbro a hablar mal a mi hijo sobre su padre o la familia de su padre? ¿Por qué?

   _____

   _____.

2. Hoy tomo la decisión de no hablar al respecto si no puedo hablar bien, y de separar mi ira de la relación de mi hijo con su familia paterna.

3. Hoy dejaré de:

   _____

   _____.

4. Mi aprendizaje de hoy es:

   _____

   _____.

5. Mi oración de hoy es:

   _____

   _____.

#FamiliaEsFamilia / #CuidoLoQueHablo

Capítulo 34

HAZLO SIMPLE

«Su hermana María se sentó a los pies del Señor a escuchar sus enseñanzas, 40 pero Marta estaba distraída con los preparativos para la gran cena. Entonces se acercó a Jesús y le dijo: "Maestro, ¿no te parece injusto que mi hermana esté aquí sentada mientras yo hago todo el trabajo? Dile que venga a ayudarme". El Señor le dijo: "Mi apreciada Marta, ¡estás preocupada y tan inquieta con todos los detalles! Hay una sola cosa por la que vale la pena preocuparse. María la ha descubierto, y nadie se la quitará"».

Lucas 10:39-42, NTV

En la historia bíblica de Marta podemos observar que el problema de Marta no era que ella estaba ocupada. Estar ocupada no tiene nada de malo. El problema de Marta era que estaba *demasiado* ocupada; lo estaba tanto que no disfrutaba de la visita más hermosa que una mujer pudo haber tenido. Marta no logró disfrutar del momento. Déjame añadir una advertencia: cuando tienes un bebé puedes estar bien ocupada. La etapa de las madres y los recién nacidos es sumamente agitada. Y eso hasta Dios lo entiende.

Madre de mi alma: aprende a no complicar tanto las cosas. A veces nos involucramos en cosas que nos traen más carga y trabajo que alegría. Simplifica tu vida. Por ejemplo, cuando mis hijos eran pequeños, yo no les sacaba todos los juguetes a la vez. Solo sacaba algunos, los necesarios, y así luego recoger no era un reto para mí. Les fijaba horarios con flexibilidad. La hora de dormir era hora de dormir; en ese tiempo yo podía terminar algunas tareas y descansar también.

Aprende a vivir la vida de una manera práctica y sencilla. Planifica tu semana o tu día, como sea de tu preferencia, usando una agenda o un celular. Pero dentro de esa planificación no agendes de tal manera que no tengas cierta flexibilidad. Los niños son niños; ellos no se ajustan a nuestras vidas controladas por agendas, empleos o retos económicos. Ellos no saben ni entienden eso; ellos solo quieren a sus padres en ese momento. Y la realidad es que esos tiempos maravillosos de madre e hijos quedarán en nuestras memorias como gratos recuerdos o como recuerdos de malas decisiones que tomamos por la presión externa de cosas que, al final del día, se pueden hacer en otro momento.

Creemos que si estamos superocupadas, con la agenda llena, somos superproductivas y supereficientes. Pensamos que estamos aprovechando bien el tiempo para que nos rinda para todo, pero la verdad es que cuando nos complicamos de esa forma lo que estamos haciendo es justamente lo contrario. Lo interesante es pensar por qué actuamos así: ¿creemos, tal vez, que nuestra plenitud depende de lo que tenemos o hacemos, en vez de la manera en que lo disfrutamos? Tener una agenda sin un espacio en blanco no nos valida más; al contrario, nos consume y nos impide vivir de forma saludable nuestro propósito, nuestra vida y nuestra maternidad.

Debemos priorizar hacia dónde o a qué estamos enfocando nuestra fuerza y energía. Analicemos qué es lo que estamos haciendo que, en vez de sumar, nos está restando. A veces nos complicamos solas y otras veces nos complican los demás. Pero, sin duda, es fundamental regular nuestras emociones y eliminar aspectos como el perfeccionismo, la autoexigencia, el desorden y la falta de planificación, los malos hábitos con nuestra salud y nuestro cuerpo, la necesidad de aprobación externa o esa costumbre dañina de preocuparnos en exceso por cosas que no han sucedido. Todo eso no nos permite fluir adecuadamente y drena nuestra capacidad de disfrutar lo realmente importante.

DESOCUPA LA MALETA

La mejor forma de simplificar es liberarnos de todo aquello que no necesitamos. Cuando vamos de viaje, las mujeres solemos llevarnos muchísimas cosas que terminamos no usando. Llenamos la maleta de cualquier cantidad de ropa, accesorios y complementos por si nos hacen falta, y terminamos cargando con una maleta pesada cuando, tal vez, empacando más inteligentemente habríamos viajado más cómodas y livianas.

Lo mismo pasa con nuestra vida. La Biblia dice que para correr la carrera necesitamos despojarnos de todo peso; en otras palabras, viajar ligero. ¿Cómo lo hacemos? A continuación te presento algunas formas:

1. *Desempaca el miedo y el pecado.* Todo aquello que te quita la mirada de Dios estorba y complica. El miedo hace que quites tu confianza de quien puede cuidarte y te lleva a querer controlarlo todo y complicarte en exceso. De la misma forma, el pecado te aleja de su presencia y añade cargas pesadas a tu cuerpo, alma y espíritu. Deja que el Señor lleve tu carga y descansa.

2. *Guarda las promesas escritas para ti.* Lo que realmente nos permite disfrutar de nuestra vida y vivir en plenitud son las promesas escritas en su Palabra. Ella es lámpara a nuestros pies y lumbrera a nuestro camino. Es la que nos lleva a caminar por la senda que ha trazado para nosotros y, por ende, para nuestras generaciones. No hay nada que te pueda llenar más y hacer tu vida más simple.

3. *Aprende a decir «no».* Nos complicamos cuando llenamos nuestra agenda de compromisos que aceptamos por no saber decir que no. Nuestros días se completan con actividades que realmente no queremos hacer, desde cumpleaños hasta reuniones con familiares, que no solo nos quitan tiempo, sino que también nos agobian y nos llenan de malestar. Mete en tu maleta menos «debo» y más «quiero», y si tienes dañado el botón del «no», mándalo a arreglar.

4. *Deshazte de la presión por lo material.* Una de las razones por las que nos complicamos más de la cuenta es por nuestro deseo

de tener más, materialmente hablando. Queremos una buena casa, un buen coche, salir de vacaciones, que nuestros hijos tengan todo lo que quieren y necesitan… y no está mal. El problema es cuando eso nos presiona y condiciona nuestra felicidad. Cuando metemos en nuestra maleta de la vida un deseo excesivo por cosas materiales, y eso lo ponemos por encima de lo importante, es cuando simplificar se convierte en una tarea pesada.

5. *Cuando tengas lista tu maleta, sal a pasear.* Ya estando ligera de equipaje, algo que puedes hacer es romper la rutina y permitirte pequeñas y sencillas «escapadas». Pasear en el parque o caminar por la playa pueden ser buenas opciones; prueba con aquello que te ayude a oxigenar tus pensamientos y emociones. Eso te ayudará a sentir que el peso del ajetreo diario se aligera y todas las complicaciones se hacen más livianas y fáciles de llevar.

Si hay algo que estoy disfrutando en esta temporada de mi vida, a mis cuarenta y siete años, es vivir la vida de forma más simple… ¿para qué complicarla? No tiene ningún sentido, si lo analizamos. Cada inicio de año reviso mi guardarropa y aquello que no uso o que ya no me sirve y está en buenas condiciones lo llevo a un centro de donación y lo regalo.

También reevalúo con frecuencia mi presupuesto y analizo qué se puede eliminar de mis gastos, porque más gastos requieren más trabajo para generar más dinero. Y la verdad, deseo tener menos trabajo y más tiempo de calidad con mi familia. Si hay algo que aprendí con mis buenas amigas es que necesitamos aprender a no depender de una sola fuente de ingresos. Podemos tener diversas fuentes y que el dinero trabaje para ti.

En cuanto a la decoración de mi casa, cuanto más simple y contemporánea mejor. Quiero vivir mi vida de la forma más práctica posible. Ya me cansé de las agendas cargadas y de guardar cosas que no utilizo o que realmente no necesito, aunque hayan estado en el mejor precio del momento. Créeme, me lo agradecerás cuando simplifiques tus decisiones para vivir con una mejor calidad de vida.

Mi momento de reflexión

1. ¿Me estoy complicando la vida sin darme cuenta? ¿Cómo lo estoy haciendo?

   _____

   _____.

2. Evaluaré mi rutina diaria y pensaré en simplificarla.

3. Voy a simplificar mi vida del siguiente modo:

   _____

   _____.

4. Mi aprendizaje de hoy es:

   _____

   _____.

5. Mi oración de hoy es:

   _____

   _____.

#HazloSimple / #ViajaLigero

Capítulo 35

PRESERVADORA DE
PROPÓSITOS

«Sacrifiquemos nuestro presente para que nuestros hijos puedan tener un mejor mañana».

A. P. J. Abdul Kalam

Un hijo es un regalo lleno de propósito, y que tú puedas ser parte de la vida de esa personita es un privilegio que conlleva mucha responsabilidad. Como todo regalo, tú lo cuidas, proteges y preservas. Cuando preservas algo es porque te interesa que dure. Por tanto, como madre eres preservadora de propósitos.

La Biblia no impone que todas las mujeres deban ser madres. Sin embargo, aquellas que son bendecidas con el privilegio de ser madres deben tomar seriamente esa responsabilidad. Las madres tienen un papel único y crucialmente importante en la vida de sus hijos. La maternidad no es un trabajo o tarea desagradable. Así como una madre lleva a su bebé durante el embarazo y alimenta y cuida del niño durante su infancia, también juega un constante papel en las vidas de sus hijos adolescentes y jóvenes adultos, y aun cuando llegan a la edad madura y tienen sus propios hijos. Mientras que el papel de la maternidad debe cambiar y desarrollarse, el amor, el cuidado, la educación y el ánimo que da una madre nunca deben terminar. El Salmo 127: 3-5 dice: «

Los hijos son una herencia del Señor, los frutos del vientre son una recompensa. Como flechas en las manos del guerrero son los hijos de la juventud. Dichosos los que llenan su aljaba con esta clase de flechas. No serán avergonzados por sus enemigos cuando litiguen con ellos en los tribunales».

Tus hijos son como flechas en tus manos. Es el potencial que lanzas al futuro. Ellos van hacia donde nosotros los dirigimos, hacia donde los lanzamos. Debemos orar por las flechas de esta generación. Muchos problemas de nuestros adultos tienen raíz en situaciones de su niñez. Para los creyentes, el tener niños es una respuesta a un mandamiento: «Fructificad y multiplicaos; llenad la tierra, y sojuzgadla...» (Génesis 1:28, RVR60). En el Salmo 127:3 los hijos son llamados «herencia de Jehová». Ello significa que los niños pertenecen a Dios; son «nuestros» solo en un plano secundario. Dios da hijos a las parejas como una persona confía una fortuna a sus herederos. Jesús desea que no despreciemos a ninguno de esos «pequeños» y habla de su fe en Dios como un ejemplo para los adultos (ver Mateo 18:1-5, 10). Cuando una pareja contrae matrimonio, se compromete a amar, servir y sacrificarse por la próxima generación. El cuidar y amar a los niños es una de las principales formas de honrar a Dios y llevar a cabo la tarea de edificar su reino. Y esta responsabilidad necesita continuar, aunque la relación no continúe. Podemos confiar en Él cuando todo lo demás falla. Él es inmovible y por siempre fiel.

Dios sabe exactamente lo que necesitas para ayudarte a ser más como Jesús. A veces Dios usa a esos niños. Sé que algunas podrían estar sonriendo aquí o tal vez llorando, porque reconocen que esto es así. Dios utiliza a tus hijos, a veces como un papel de lija, para exponer quién eres realmente y para mostrarte tus necesidades en la vida. En el contexto de la familia, crecemos y nos convertimos cada vez más en lo que Dios quiere que seamos. Necesitamos a nuestras familias. Permíteme decir que si las cosas no están bien en la casa, entonces no estamos bien.

Tus hijos no son tus hijos.
Son hijos e hijas de la vida
deseosa de sí misma.

No vienen de ti,
sino a través de ti

y aunque estén contigo
no te pertenecen.

Puedes darles tu amor,
pero no tus pensamientos,
pues ellos tienen sus propios pensamientos.

Puedes hospedar sus cuerpos,
pero no sus almas,
porque ellas viven en la casa del mañana,
que no puedes visitar
ni siquiera en sueños.

Puedes esforzarte en ser como ellos,
pero no procures hacerlos semejantes a ti
porque la vida no retrocede,
ni se detiene en el ayer.

Tú eres el arco del cual tus hijos,
como flechas vivas, son lanzados.
Deja que la inclinación
en tu mano de arquero
sea hacia la felicidad.

Khalil Gibran

Tú y tus hijos cargan una palabra. Uno puede estar acostumbrado a escuchar la Palabra de Dios, pero hay momentos donde Dios desata una palabra específica para un momento particular. Esa palabra altera, revoluciona y te lleva a niveles que no habías experimentado antes. En ese momento es cuando algo ordinario, rutinario y básico, Dios lo convierte en algo extraordinario. La Palabra tiene la capacidad de desatar toda situación difícil, entrar en ella y explotar en medio de las circunstancias. Entonces, lo que pudo haber durado años, Dios lo hace en un momento y te lleva a una nueva asignación en tu vida.

Cuando tengo una palabra de Dios y la siembro en una situación, yo estoy sembrando a Dios en ella. De esa manera el propósito será preservado.

No se puede separar a Dios de su Palabra. La Palabra es el medio para la creación, porque todo fue creado por Él y sin Él nada pudo haber sido hecho. Es el puente entre lo glorioso y majestuoso, entre lo finito y lo temporal. Es la Palabra la que conecta lo espiritual con lo práctico y lo ordinario de nuestra vida. Es la que establece cuál es el medio de comunicación, los escenarios y las situaciones. Es a través de ella que podemos conocer, entender y ejecutar el propósito de Dios en nuestras vidas y las de nuestras generaciones.

No solo de pan vivirá el hombre sino de toda palabra que sale de la boca de Dios.

Lucas 4:4

Así que la fe viene por el oír, y el oír, por la palabra de Dios.

Romanos 10:17

Porque de Él y por Él y para Él, son todas las cosas.

Romanos 11:36

Quien sustenta todas las cosas con la palabra de su poder.

Hebreos 1:3

La Palabra de Dios ha estado desde el principio. A través de ella Dios se revela a nosotros y nos da identidad al mostrarnos que nos hizo a su imagen y semejanza. «En el principio era el verbo, y el verbo era con Dios, y el verbo era Dios. Este era en el principio con Dios. Todas las cosas por él fueron hechas, y sin él nada de lo que ha sido hecho, fue hecho» (Juan 1:1-3).

La Palabra te guarda, te preserva, te hace fuerte de adentro hacia fuera.

Segunda de Corintios 4:16-18 habla del hombre interior, que se renueva de día en día, y también dice que las tribulaciones que podamos atravesar son leves y momentáneas. Esto quiere decir que si lo de adentro es fuerte y poderoso, ¡lo de afuera es leve! La Palabra imparte la fe que activa la capacidad de creer al Dios que presentó la Palabra. La Palabra tiene la capacidad de entrar en escenarios de muerte y convertirlos en vida. La Palabra es el principio de toda manifestación divina.

Tú has sido elegida y cargas una palabra de Dios llena de autoridad y poder para preservar tu vida y la vida de tu familia.

La Biblia narra la historia de una madre que tuvo que tomar una decisión radical para preservar la vida de su hijo. En el libro de Éxodo, capítulo 2, nos habla de Moisés. El nombre Moisés deriva de una raíz hebrea que significa «sacado de las aguas».

En los versículos del 1 al 4 se observa el orden de la providencia: justo en el momento en el que la crueldad de Faraón llega al máximo, mandando matar a los niños hebreos, nace el libertador. Cuando los hombres se confabulan para llevar la iglesia a la ruina, Dios está preparando su salvación. Los padres de Moisés vieron que era un niño hermoso. La fe viva se siente fortalecida con el menor indicio del favor divino.

En Hebreos 13:23 dice que por fe los padres de Moisés lo escondieron; tenían la promesa de que Israel sería preservado, y la creyeron. La fe en la promesa de Dios anima a usar medios legales para obtener misericordia. El cumplimiento de nuestro deber va seguido de los hechos de Dios.

«La fe en Dios siempre nos pondrá por encima del temor al hombre. Al cabo de tres meses, cuando ya no podían esconder más al bebé, lo colocaron en una arquilla de juncos a la orilla del río, y a su hermana para que vigilara. Si el débil afecto de una madre fue tan cuidadoso, qué pensaremos de Aquel cuyo amor, cuya compasión son infinitos, como Él. Moisés nunca tuvo protección más poderosa a su alrededor, ni aun cuando tenía a todos los israelitas alrededor de su tienda en el desierto, que ahora cuando yace a solas; un indefenso bebé sobre las aguas. No hay agua, no hay egipcio que pueda dañarlo. Dios está más presente a nuestro lado cuando parecemos más abandonados y desamparados»[22].

Mi momento de reflexión

1. Mi versículo favorito es:

   _____

   _____.

2. ¿Con qué historia bíblica puedo identificarme más y por qué?

   _____

   _____.

3. ¿De qué forma voy a trabajar en preservar el propósito en la vida de mi hijo?

   _____

   _____.

4. Mi aprendizaje de hoy es:

   _____

   _____.

5. Mi oración de hoy es:

   _____

   _____.

#MadresConPropósito / #PalabraViva

Capítulo 36

EL PODER DEL
PERDÓN

*«Más bien, sean bondadosos y compasivos
unos con otros, y perdónense mutuamente,
así como Dios los perdonó a ustedes en Cristo».*

Efesios 4:32

Durante toda nuestra vida hemos escuchado sobre el versículo bíblico de Mateo 18:22 en el que Jesús instruye a perdonar al prójimo «setenta veces siete». Pero ¿se nos ha ocurrido que llevamos a un prójimo en nuestro interior, que somos nosotras mismas?

Desde la falta más pequeña (como que se nos quemen las habichuelas u olvidemos planchar la camisa de la escuela de un hijo o el traje favorito de nuestra hija) hasta las faltas olvidadas o desconocidas que guardamos desde la niñez, nos tratamos despiadadamente como al peor criminal. Incluso es posible que no sepamos que no nos hemos perdonado algo que tal vez ni fue culpa nuestra.

Igual de angustioso es cuando no admitimos un error y nos cuesta pedir perdón, como si fuera un acto heroico o perdiéramos dignidad si lo hacemos.

Hoy, pide perdón a quien lo tengas que pedir. Empieza por ti. Pídete perdón a ti misma. Y perdónate. Dios te perdonó. Aunque te parezca extraño, pídete perdón por no haberte perdonado.

Pídeles perdón a tus hijos cuando cometas un error contra ellos. Ese es el ejemplo que van a emular. Entonces ve al Padre y entrégale tu carga, pidiéndole su perdón si es necesario. No eres perfecta. Nadie lo es. Y lo creas o no, tus hijos saben que no eres perfecta. Por tanto, cuando cometas una equivocación, sé sincera y admítelo. Esto no solo aumentará el respeto hacia ti, sino que también les dará un modelo de cómo reconciliar las relaciones.

Jesús dice: «No te digo hasta siete, sino aun hasta setenta veces siete». Si hacemos la operación, la respuesta es 490. Eso significa, matemáticamente hablando, que debemos perdonar a la misma persona 490 veces al día. A un ritmo de un acto de perdón cada tres minutos más o menos. ¿Crees que puedes pasar todo un día perdonando a alguien? Pero esto no se trata de números, Jesús no estaba dando una nueva fórmula matemática, sino un nuevo conjunto de verdades para que caminemos una vida práctica en perdón. El perdón no tiene que ver con llevar la cuenta; se trata de perderla.

En Mateo 6:14-15, Jesús también dijo: «Porque si perdonáis a los hombres sus ofensas, os perdonará también a vosotros vuestro Padre celestial; más si no perdonáis a los hombres sus ofensas, tampoco vuestro Padre os perdonará vuestras ofensas». Es imperdonable no perdonar. Si te niegas a perdonar a otros, Dios no te perdonará a ti.

El sufrimiento que ata a otra persona se debe, entre otras razones, a esperar que la otra persona cambie o reconozca lo que hizo, aun cuando no puede. No podemos tomar responsabilidad por lo que otro no puede cambiar, sino tomarla por lo que nosotros sí podemos cambiar. El perdón es la tijera que corta el secuestro emocional que hace el que no me puede amar cuando valoro quién soy. El no perdonar es la raíz de amargura que ata los pensamientos y las emociones a las cadenas de la culpa y del enojo, e impide el desarrollo integral de tu vida y la de tu familia. El no perdonar te ata al suceso. No reconoce la posibilidad de cambio de conducta. Te impide ver lo nuevo que puedes aprender de la situación. No te permite diferenciar la situación de las personas. Te mantiene atada al pasado.

¿Tienes derecho a estar molesta y sentir dolor? Sí, lo tienes, claro que sí. Pero no puedes permitir que esto te domine y produzca en ti un estado de esclavitud emocional que te incapacite para ser responsable por tus acciones.

Ahora ponte a la acción e identifica si existe alguna herida que todavía debe ser sanada a través del perdón. Si hay situaciones o personas que te descontrolan y admites que tienen dominio sobre ti, entonces aún no has sanado. Tener una cicatriz no es lo mismo que tener una herida. La cicatriz es una marca que en ocasiones queda para recordarte lo que pasó con el propósito de que no vuelvas a cometer los mismos errores. La herida está cuando aún no hay cicatrices; esto toma un tiempo. Pero no debes taparla, porque no sanará como es debido y podría infectarse y requerir antibióticos. En el plano espiritual, debemos perdonar y pedir perdón. No puedes alejarte del plan de Dios y tener éxito. La Biblia dice que cada persona debe responder por sí misma delante de Dios (Romanos 14:10).

No trates de ser otra persona en lugar de ser tú misma, en lugar de ser aquello para lo que fuiste creada; eso es perderte lo mejor que tiene Dios para ti. Necesitas encontrar tu identidad y saber quién eres en Cristo Jesús. Cuando una mujer está sometida a Dios y descubre la libertad del perdón, Cristo va a trabajar en ella y a través de ella por su Espíritu. Deja el pasado en el pasado, cierra capítulos y libera el poder que hay en el perdón.

El perdón tiene la clave para la libertad, para la sanidad, para la integridad. Cuando Jesús estaba en la cruz antes de morir, miró hacia abajo para contemplar la miserable escena: los líderes religiosos lo estaban ridiculizando, los soldados romanos echaban suertes sobre sus ropas, la multitud le estaba maldiciendo con los puños alzados. Y mientras su cuerpo yacía sobre dos maderos astillados, Él rogaba por aquellos que le estaban escupiendo, tirando de su barda, diciéndole que era un fraude que no servía para nada.

«Jesús le rogó a su Padre celestial, diciendo: "Padre, perdónalos porque no saben lo que hacen"» (Lucas 23:34).

En una hora, el perdón salvó al mundo. Cuando Jesús pronunció esas palabras, su espíritu fue liberado. Esto ocurrió justo antes de dar su último aliento y encomendar su espíritu en manos de su Padre. El espíritu de Jesús solo se podía liberar en una atmósfera de perdón. Antes de dejar esta tierra, Jesús tuvo que perdonar a quienes le estaban torturando, a los que se burlaban de Él, a los que estaban blasfemando. Esto era importante porque las manos de Dios no tocarán espíritus que no liberen el perdón. Siempre que liberas perdón, liberas el poder del espíritu de Dios.

Mi momento
de reflexión

1. ¿Tengo algún recuerdo de un incidente muy lejano que me hace sentir culpable o incómoda?

   _____

   _____.

2. ¿Se me hace difícil perdonar a alguien que me ha hecho mal?

   _____

   _____.

3. ¿Estoy enojada con Dios y no he buscado reconciliarme con Él?

   _____

   _____.

4. Mi aprendizaje de hoy es:

   _____

   _____.

5. Mi oración de hoy es:

   _____

   _____.

#ElPoderDelPerdón

Capítulo 37

PASOS DE FE

*«La fe se trata de confiar en Dios cuando
tienes preguntas sin respuesta».*

Joel Osteen

La fe está compuesta por tres elementos bien importantes:

- *Conocimiento*: No podemos tener fe en aquello que no conocemos.
- *Entendimiento*: No podemos tener fe en aquello que no entendemos.
- *Confianza*: Si conocemos y entendemos, pero no confiamos, no tenemos fe.

Dios quiere liberarte para que desarrolles los dones que Él ya ha colocado dentro de ti, y las ideas y visiones que te dará. Como mujeres, tenemos una influencia muy grande en la familia, nuestro esposo, hijos, amistades y el mundo. Tú tienes el poder de Dios para ser la madre perfecta para tus hijos. Tienes el poder de enseñarles y demostrarles una fe inquebrantable que los sostenga en los momentos difíciles, incluso cuando ya ni siquiera vivan contigo. Una fe que les asegure que orando y creyendo podrán realizar sus sueños más preciados.

Pero es una tarea que debes trabajar desde siempre para que esa fe se arraigue en ellos como tú ni siquiera puedes anticipar. Cuenta los testimonios de cuánto Dios ha hecho por ti, que ellos vean cuánto crees y cómo Dios responde. Una fe inamovible es el mejor legado que puedes dejar a tus hijos.

Tu vida, como la mía, está llena de pasos de fe. Quiero narrarte una de esas experiencias. Hace algunos años vivíamos en un pequeño apartamento, y un día tomé la decisión de ir a un banco hipotecario para recibir información para la compra de una propiedad. Llevaba tiempo con el deseo, pero no daba el paso de fe por miedo a no cualificar, a no tener el dinero, a no poder afrontarlo, entre otras cosas. No le dije nada a nadie y simplemente llegué al banco... al fin y al cabo, ¿qué podía perder?

Al llegar con mis documentos, me senté confiadamente a esperar. Cuando llegó mi turno, mi primera expresión ante el empleado que me atendió fue: «No tengo dinero, pero estoy aquí en un paso de fe». La persona me miró a los ojos y me dijo: «Pues vamos a caminar en su fe». Y así lo hicimos. Hizo la recalificación y me orientó. Salí de la oficina con la información y con la meta de conseguir el dinero requerido para la transacción hipotecaria.

Ese día, un miércoles, tenía servicio en mi iglesia, y llamé a mi esposo para decirle que tenía que contarle algo al salir del culto. «Pero necesito como tres mil dólares», le dije. Y él me contesto: «Bien, pues me cuentas». Al llegar él estaba orando, y en ese momento alguien vino a buscarme y me dijo: «Dayna, Edgar [mi esposo] está llorando». Salí a ver qué sucedía y él me dijo: «Acabo de recibir un cheque de más de tres mil dólares. Ahora necesito que me lo cuentes».

¡Dios nos dio la cuota inicial de la casa y nos permitió tener nuestra primera residencia propia! Él es un Dios de milagros y todavía puede hacer más. Tenemos que caminar no por vista, sino por fe, y creer al Dios que servimos.

Quizás ahora mismo están viniendo a tu mente proyectos que has dejado aplazados o sueños que has metido en el baúl de los «no se puede» porque el temor no te ha dejado dar pasos de fe. Tal vez hay decisiones que debes tomar, riesgos que debes asumir, pasos de gigante que debes dar y que no te has atrevido, aunque sabes que Dios te respaldará. ¿Qué estás esperando? Haz esa llamada, esa averiguación, esa visita, ese viaje; eso que el Señor te está pidiendo que hagas con confianza en Él. Permítele mostrarte su poder, permítele maravillarte con sus milagros. Toma la mano de tus hijos y atrévete a dar pasos de fe.

Mi momento
de reflexión

1. Haré un diario de las oraciones que Dios me ha contestado. Anotaré las veces en las que he superado situaciones difíciles y en las cuales he visto la intervención divina.

2. Animaré a mis hijos a conservar también registros escritos de las sorpresas que les va dando Dios a lo largo de su vida.

3. Haré una lista de sueños y los pasos de fe que tendría que dar para lograrlos.

4. Mi aprendizaje de hoy es:

   _____

   _____.

5. Mi oración de hoy es:

   _____

   _____.

#SoyUnaMujerDeFe / #DoyPasosDeFe

Capítulo 38

QUERIDA ADOLESCENCIA

«Todo lo que un cerebro en desarrollo ve, escucha, ingiere, huele, toca y siente, se convierte en información que va moldeando ese cableado neuronal».

Carina Castro, neuropsicóloga pediátrica

La radio, televisión, amigos y, mayormente, las redes sociales, lanzan un bombardeo incesante de estímulos a nuestros hijos. Y toda esa información, además de ser difícil de procesar, apela a las necesidades de nuestros queridos adolescentes. Leí en una ocasión que el avestruz, ante lo desconocido, mete su cabeza en un hoyo; de esa manera no ve nada y cree que no pasa nada. Yo decidí que no quiero ser así, yo quiero ser consciente del mundo que rodea a mis hijos. Esa es la única manera de poder ser eficiente en esta etapa tan retadora.

La adolescencia es un momento de transición en la vida de los hijos en donde las emociones de placer están al máximo y la tolerancia al sufrimiento al mínimo. Hay días en los que están enojados y no saben por qué; otros días están tristes y con mucha ansiedad, y no quieren un interrogatorio. Comienzan a reír en el momento en el que se requiere total silencio; van caminando y tropiezan con todo; casi todo se les cae de las manos; tienen dificultad para mantener contacto visual; y la famosa «presión de grupo» se impone sobre todo lo que les has enseñado. La adolescencia es ese momento en el que los hijos buscan su identidad, quieren respuesta a los porqués de las normas y creen tener el derecho de saberlo todo. Esa búsqueda de valor empieza debido a que comienzan a tener independencia emocional.

En la adolescencia se carece de la experiencia de la vida (pero ellos no lo creen). Aunque vivieron la infancia, aún no tienen la capacidad de tomar decisiones; y muchas veces nosotras les exigimos más de lo que puede proveerles su nivel emocional e intelectual. Esa falta de experiencia también implica falta de herramientas; las destrezas de análisis, reflexión y relaciones interpersonales aún no han sido desarrolladas al máximo. Y en este tiempo en el que nuestros hijos están más conectados a los teléfonos, a veces pareciera que muchos no pueden ni siquiera tener una conversación con oraciones completas. Carecen de conocimiento para tomar decisiones adecuadas, pero muchas veces tienen temor a preguntarnos por nuestras reacciones o respuestas.

Los adolescentes sienten miedo, aburrimiento, ansiedad, insomnio, frustración, deseo de ser independientes y soledad, entre otros sentimientos, emociones y deseos. Ellos necesitan que les apreciemos, los escuchemos, los comprendamos, los tomemos en cuenta, aceptemos sus relaciones y los dejemos dormir.

La adolescencia se define por sus transiciones y cambios. El niño que jugaba con los cochecitos y la niña que jugaba con sus muñecas han crecido. Ahora creen que lo saben todo, no quieren escucharte y no quieren que los regañes. Comienzan a despegarse de las relaciones familiares en busca de relaciones de amistad o de noviazgo en ese momento emocional. Están en la búsqueda de conexiones fuera de los lazos del hogar. Ahí comienza la presión de grupo y el imitar a otros, lo que lastimosamente puede llegar a relaciones con personas que no les ayudarán en su desarrollo.

Cuando mi hijo comenzó con el discurso de «Yo tengo derecho, soy mayor», validé sus derechos y le hablé sobre sus deberes. Le expliqué que la base de sus derechos está contenida en su identidad y que sus deberes están constituidos por normas. Estas normas guían su desarrollo para apreciarse y apreciar a los demás.

Es el momento de encuentros frecuentes con la mentira. Cuando mi hijo tenía unos doce años me preguntó si podía abrir una cuenta en Facebook, cosa que no era permitida para una persona de esa edad. Obviamente, para hacerlo necesitaba mentir. Por lo tanto, aparte de lo que yo pensaba sobre el uso de redes sociales a esa edad, lo confronté sobre los datos falsos que debía introducir y le pregunté si sería capaz de hacer eso. Gracias a Dios, él me escuchó y me dijo que no lo iba a hacer.

Ahora bien, los adolescentes siempre van a estar tentados a mentir porque quieren esquivar la disciplina, evitar ser confrontados o avergonzados, impedir que se vulnere su privacidad o porque quieren sentirse seguros. En los momentos de calma y quietud, luego de un largo tiempo de oración, necesitamos hablar con nuestros hijos sobre cómo nos hacen sentir si nos mienten y las consecuencias que tienen las mentiras.

Sería bueno preguntarles qué puedes hacer para que no sientan que está bien mentir, y también cómo se sentirían si fueras tú quien les mintiera. Estoy dando por hecho que tú no les mientes, ni tampoco a los demás. Cuando sucede algo, es importante no asumir rápidamente que están mintiendo y recordar que todas las situaciones tienen dos versiones, además de permanecer siempre objetiva y en calma.

Es fundamental enfatizar a nuestros chicos que las relaciones son valiosas, pero que es una de las áreas de su vida en la que deben tener precaución. No hay nada malo en ser sociables y tener amistades, pero siendo selectivos y cuidadosos con las personas con las que se relacionan. En esta etapa los símbolos de marca, de moda, de éxito y aquello que los demás siguen, guían a nuestros hijos; por eso debemos hablarles de los diferentes tipos de personas que pueden encontrar en su camino. Puedes contar tus experiencias, a ellos les gusta escuchar historias verídicas.

Conozco el depósito de Dios en mis hijos, y el tema de las amistades siempre es uno que me lleva a la oración. No voy a prohibirles relacionarse con chicos que no son cristianos; les enseñé que son luz en medio de las tinieblas y que su vida cristiana debe ser parte de su estilo de vida. Ahora bien, si ellos comienzan a imitar las malas costumbres, entonces esa persona debe empezar a ser un conocido y no un amigo. Les hablo sobre la importancia del llamado que cargamos todos en predicar las buenas nuevas de salvación a toda criatura.

Para nosotros la amistad es un regalo de Dios. Gracias a Él disfrutamos de amistades de más de veinticinco años. Para mi hija esto es algo muy valioso, porque ve en nuestro núcleo estas relaciones como parte de nuestra familia. Un día, al salir de la escuela, la noté sorprendida, enfadada y decepcionada, y le pregunté qué le pasaba. Me comentó que le dijo algo a una amiga y que ella usó esa información de manera inapropiada. Créeme, me sentí tentada a hacer muchas cosas, pero ella necesitaba aprender su propia lección de la situación, así que solo la escuché y le dije cuánto lamentaba lo ocurrido.

Al pasar los días, llevé el asunto en oración. Las emociones de ambas estaban más calmadas y era el momento oportuno para retomar la conversación; para mi sorpresa, quien recibió la lección fui yo. Le di espacio a Dios para trabajar el asunto y Él lo hizo. Ese día, mi hija me dijo que había tomado la decisión de perdonar a su amiga y continuar la amistad; conversó con ella y le dejó claro que había herido sus sentimientos. Aun así, decidió que prefería contarme sus cosas a mí antes que a sus amigas. Para mí eso fue una victoria.

Muchos padres tienen miedo de hablar a sus hijos sobre drogas, sexo y alcohol. Les aseguro que una vez que lo hagan, ellos tendrán más información, y pueden sorprenderte con lo maduros que pueden llegar a ser con ella. Lo peligroso de esto es desconocer las fuentes de donde procede toda la información que reciben. Muchos se preguntan a qué edad deben empezar a hablar de estos temas con sus hijos; eso es muy relativo, porque depende de cómo sean los chicos. Pero según las estadísticas, ya desde los nueve años muchos de ellos están expuestos a los temas del alcohol, las drogas y el sexo. Puedes comenzar de diferentes maneras, tomando un lugar y tiempo para preguntar qué saben acerca del sexo, por ejemplo, abriendo espacios de confianza por si tienen alguna pregunta que quieran hacerte. A los ocho o nueve años todavía están dispuestos a hablar contigo, así que aprovéchalo, porque ya se acercan los cambios que anuncian la llegada de la pubertad. Y ya sabes, en esos días pasan de una extrema risa a no querer nada de comunicación.

La adolescencia es un tiempo de transición, de decir adiós a la niñez y entrar por las puertas de la juventud temprana. Están saliendo de la escuela elemental y entrando en la escuela intermedia. Ya no son niños, pero tampoco son adultos; no tienen la capacidad ni la experiencia requeridas. Y esa transición está llena de retos. Quieren obedecer a los padres, pero la influencia y opinión de sus amigos les supone una presión. El detalle es que su cerebro aún no está del todo desarrollado; eso sucede alrededor de los veinte años.

En nuestra muy amada adolescencia, tus hijos también ponen a prueba tu autoridad y hasta dónde llegan tus límites. Cuando nacieron mis hijos me dije que no iba a repetir las cosas muchas veces, y hasta el día de hoy lo he podido lograr. Una vez le pregunté a un chico por qué su mamá tenía que decirle las cosas tantas veces, y el niño me contestó: «No sé, ella siempre lo hace, así que yo sigo jugando hasta que se calla». Mantente firme en tu respuesta, si dijiste que no, es no.

Ahora bien, hay ocasiones en las que tenemos que estar disponibles para la negociación. Recuerdo que mi mamá nos decía que hasta que la casa no estuviese limpia no había permiso para las salidas. Así que desde el viernes se activaba la «operación limpieza». En mi casa negocié con mis hijos las tareas y días. Acordamos que los miércoles es el día de lavar la ropa; ellos limpian sus cuartos y negocian quién limpiará el baño que ellos usan. Claro, las tareas están divididas porque ellos ya tienen edad para eso. Como nota graciosa hispana te cuento que yo no uso mucho el lavaplatos, pero cuando a mi hija le toca lavar los platos, puedes estar segura de que vas a escuchar el lavaplatos en mi casa.

En esta etapa hay una apatía en ocasiones hacia los estudios; por eso es importante el equilibrio y promover las actividades en familia. Para romper la rutina y tener conversaciones en la mesa, yo compraba un rompecabezas o algún juego de mesa y los involucraba a todos; pasado un tiempo de juego les preguntaba lo que más les había gustado y lo que les había parecido más difícil durante el día.

Más que imponer nuestras ideas, es recomendable hacerles sugerencias y motivarlos a ser su mejor versión cada día. No me gusta mucho que mi familia se exprese con una aseveración como «yo odio». En el momento en que lo dicen me siento tentada a recriminarles, pero aprendí que obtengo un mejor resultado si les digo: «¿Qué te parece si en vez de decir la palabra "odio" dices "no me gusta"?». Siendo sincera, hay días que lo expresan y hay días que no, pero no dejo de intentar sugerir sin imponer, con mucha discreción y amor.

Otra cosa es el tema de las redes sociales. Hay que tener un equilibrio entre ser espía y monitorear el acceso a todo ese mundo. Existen aplicaciones tecnológicas que te permiten restringir el uso y monitorear; puedes hablar con la compañía de teléfono o internet para que te orienten sobre ese particular. Cuando les dimos acceso a nuestros hijos a los celulares, les dijimos que, como nosotros los pagamos, cada cierto tiempo les revisaríamos el celular. Si estaban de acuerdo, entonces les daríamos el móvil. Claro que no les gustó la idea, pero como querían el móvil accedieron. En la negociación establecimos que durante la reunión de la iglesia no se haría uso del celular; que cuando alguien les estuviera hablando harían una pausa y harían contacto visual con la persona; y que, hasta cierta edad, el móvil dormiría en nuestro cuarto. Para el use y disfrute del móvil dejamos claro los deberes y responsabilidades.

Hoy me preocupa mucho ver a niños siendo educados, entretenidos y viciados por los aparatos electrónicos. Hace un tiempo estaba en el servicio de mi comunidad de fe y quedé asombrada por la cantidad de niños que durante el tiempo de adoración están pegados emocional, mental y físicamente al aparato. Es triste ver que los padres no pueden ni quitarles el dispositivo electrónico, porque los niños comienzan a gritar como si los estuvieran agrediendo emocional y físicamente.

No podemos perder de vista la importancia del equilibrio y el orden, y esto es nuestra responsabilidad. Mientras permites largas horas a tu hijo conectado al uso de aparatos electrónicos, está desconectado de su inteligencia emocional. Tienes que desconectarlo. Tú eres parte de su desarrollo emocional. Sé valiente, esfuérzate y toma el control.

¿Recuerdas cuando te hablaban de los terribles dos años? Cuando te preguntaban qué edad tenía tu niño y respondías, te decían: «¡Ay, los terribles dos años!». Luego, cuando cumplieron los tres: «¡Ay, los terribles tres años!». Y luego llegas a la adolescencia, que es...

Cada edad tiene sus retos y su pertenencia. Tú estás creciendo con ellos, y cada uno enfrentará cada edad y etapa de forma diferente. Establece tus prioridades, trata de leer lo más que puedas sobre cada etapa e identifica si estás lastimando a tu hijo o le estás dando la oportunidad de crecer. Ten las expectativas claras. Si conoces la personalidad, interés y estado de ánimo de tus hijos, no les fuerces a nada. Mi hija no acostumbra a hablar con todo el mundo, y mucho menos a saludar con un beso. Desde pequeña le enseñé que su cuerpo era su espacio, y ella decide a quién se quiere acercar. Al principio me preocupaba lo que la gente pudiera pensar de ella, porque es bien dulce y cariñosa. Pero ella decide con quién quiere establecer una relación, y yo respeto su decisión. No la obligo por el simple hecho de complacer a los demás lastimándola a ella. Eso no es negociable para mí.

Ahora bien, sí le enseñé que el saludo y la sonrisa son su mejor atuendo, y eso no se le niega a nadie. Ella tiene bien claro que tiene libertad de expresión, pero usando la asertividad. Y créeme, puede ser bien convincente en sus puntos de vista. Hace unos días me contó una situación que a ella le parece injusta. Es la siguiente:

Ella estudia en una escuela privada cristiana y lleva uniforme escolar. El uniforme de las niñas es una falda. Su controversia era porque no permiten el uso de *jeans* rotos ni faldas muy cortas que muestren mucho las piernas. Ella terminó su argumento diciendo: «Aunque no tenga sentido para mí, es parte de las reglas y voy a obedecer». Y ese punto final me ayudó a tener una conversación con ella. Al principio, dejé que se expresara para conocer cómo manejar sus emociones y pensamientos y analizar cuál era realmente su punto de vista. Lo que me quedó claro es que mencionó que Dios quiere ver sus actitudes más que su ropa, y por eso prefirió elegir su batalla y obedecer.

Existen muchos libros que nos pueden ayudar a entender la adolescencia. La palabra de Dios nos exhorta a no provocar a nuestros hijos a ira, y a utilizar la palabra blanda para apacentarla. Amar a nuestros hijos es lo más importante, sin importar qué edad tengan. Ellos sentirán nuestra afirmación con amor, estando presentes en sus vidas, tanto en los momentos en que nos sentimos orgullosos como en aquellos que no. Ellos necesitan saber que estamos orgullosos de ellos y que cuentan con nosotros.

Mi momento de reflexión

1. ¿Qué cosas debo cambiar para mejorar la relación con mi hijo adolescente?

   _____

   _____.

2. ¿Estoy siendo un ejemplo en el tema de la mentira?

   _____

   _____.

3. ¿Estoy respondiendo sus preguntas con relación a las amistades, el sexo o los vicios?

   _____

   _____.

4. Mi aprendizaje de hoy es:

   _____

   _____.

5. Mi oración de hoy es:

   _____

   _____.

#HijosAdolescentes

Capítulo 39

CONVERSACIONES
CON MI HIJO

«El hombre es la clave para construir infraestructuras sociales fuertes y duraderas, familias estables, sociedades sanas y naciones seguras».

Myles Munroe

*E*s una prioridad que el tema de la masculinidad se trabaje de manera responsable y con premura. La vida de un hombre comenzó en el vientre de una mujer. Las mujeres que somos madres levantamos a futuros jefes de familia.

Para los hijos varones la figura materna es algo muy importante. El vínculo que se da entre madre e hijo es uno de los más preciados y especiales que una mujer pueda disfrutar. Y si logras ser madre lactante, ese vínculo de amor será único. Por razones genéticamente obvias existen diferencias entre las niñas y los niños. Pero nosotras somos las que formamos hombres machistas. Defiendo igual a mi hijo que a mi hija no por su sexo, sino por su identidad. En este tiempo, defender la identidad sexual de nuestros hijos es de suma importancia. Uno de los grandes retos de esta sociedad es respetar la individualidad. Los varones están enfocados en metas, objetivos y conquistas. Las niñas están diseñadas para manifestar sus emociones y el manejo de relaciones.

Mi hijo fue el primer nieto. Mi madre y mis hermanas celebraron la llegada del primer varón en nuestra familia. Al año llegó la segunda nieta, y después de ella llegaron más niñas. Esto me motivó a ayudarle a ver a las mujeres con respeto y amor. Recuerdo que cuando empezó la escuela elemental le enseñé a ser un caballero con las niñas. Un día llegó a la casa frustrado porque le abrió la puerta a una niña y ella se molestó. Le dije: «Tú sigue siendo un caballero, porque cuando Dios te regale una hermosa esposa, ella lo agradecerá».

Los primeros años de vida, los varones están bien apegados a las madres, como hasta los ocho años aproximadamente. Luego, comienzan a ir los nenes con los nenes y las nenas con las nenas. Recuerdo que cuando llegó ese momento él quería estar todo el tiempo con su papá, y no quería que le diera un beso delante de sus amigos. Para mí fue muy triste. Despues, alrededor de los trece años, comenzó a tener ciertas conversaciones conmigo que no tiene con su papá. La comunidad de fe, los deportes y su círculo de amistades son importantes en esta etapa.

Desde niño a mi hijo le ha encantado la comida; de hecho, adora cocinar, y es de los momentos de más placer para él. Así que, de vez en cuando, lo invito a tener una «cita con mami», y es un día en que nos encontramos en un lugar y tratamos de promover diversas conversaciones. Durante la comida lo impulso a hablar de sus metas, emociones y pensamientos. Fomento la conversación con algunas preguntas como «Cuéntame qué ha sido lo mejor que te ha pasado esta semana» o «¿Qué es lo más desafiante que estás enfrentando?». Tuve que aprender a manejar mis reacciones cuando mi hijo me cuenta algo. En muchas ocasiones, mis reacciones inapropiadas fueron la razón para que él no me contara sus cosas.

Soy cuidadosa con los compromisos de palabra que tengo con él, porque quiero que sea una persona de palabra, que no se comprometa si no puede cumplir, porque muestra carácter cuando cumple sus promesas. Siempre le recalco la importancia de sus compromisos, la puntualidad y que escoja cuidadosamente sus palabras. Lo motivo a expresar sus emociones y que tenga el permiso de llorar si es necesario.

Por lo general, desde pequeño ha estado rodeado de adultos, y esto lo ha ayudado con las relaciones interpersonales; pero también ha sido un reto estar con adultos cristianos que no muestran liderazgo. Ha sido mi responsabilidad hacerle saber que lastimosamente existen personas que aún no han sido transformadas y renovadas en sus pensamientos y cuyas acciones, como consecuencia, no reflejan la vida de un cristiano.

Hay noches en las que voy a acurrucarme con él un rato en la cama y oramos juntos. Le expreso lo mucho que lo amo y lo orgullosa que estoy de él. También le hago saber que aún hay áreas que debe mejorar, y le proveo estrategias para lograrlo. Le compré una pizarra para que escriba sus metas del año y oramos sobre esas metas para que sus distracciones no lo desvíen.

Recuerdo también que cuando tenía unos siete años, estaba en mi cama acurrucado conmigo y le dije: «Estoy orando por tu esposa». Me miró a los ojos y me dijo: «Mamá, yo quiero casarme algún día». Celebré su deseo y le dije que ese día llegaría, que tendría que guardar su cuerpo y su corazón, y concluimos esa conversación en oración. Todavía hoy oro por la mujer por quien estoy preparando a mi hijo.

Llegará el momento en que tu hijo ya no te verá como la más linda o la única. Llegará una chica que llame la atención de tu hijo y tú tendrás que comprar regalos para ella. Es una etapa interesante y sumamente importante. Ninguna otra niña tomará tu lugar, tú siempre serás la madre de tu hijo. Pero eres parte de la formación de cómo tratar a las demás mujeres. Tu opinión es importante, pero tienes que tener cuidado con cuándo y cómo manejas esa información.

Ten cuidado con el concepto de que no hay una chica que sea perfecta para tu hijo, porque así como tú estás preparando a tu hijo para otra mujer, hay una madre orando para que Dios le entregue un buen esposo a su hija. Llegará una chica que ame a tu hijo, y tú no puedes convertirte en la suegra horrible. No puedes perder la relación con tu hijo porque se enamoró y está listo para casarse.

Para no perder la relación con tu hijo una vez que se case, sino mejorarla y crear una buena relación con tu futura nuera, toma nota de estos consejos brindados por Grace González, de Escuela de padres:[23]

Es necesario que tu hijo sepa de tu boca estas cosas:

Tú amas a tu hijo tal y como es, por lo tanto, vas a amar todo aquello que él ame, y eso implica estar decidida a amar a la mujer que él elija para ser su esposa; además de verla como tu hija amada, la cuidarás y protegerás como tal.

Tú siempre serás su mamá y muchas veces serás lo más parecido a su mejor amigo. Esto es, que puede confiar en ti y que lo escucharás, pero siempre pensarás primero en el bienestar de tu nuera y tus nietos antes que en el bienestar de tu propio hijo; lo amas muchísimo, pero una vez que sea un hombre casado, su lugar será su casa, no la tuya.

Que la mujer más importante en su vida es su esposa y no su mamá. Sus visitas y sus llamadas te hacen y te harán muy feliz, pero amarás mucho más las visitas con los nietos y la familia completa a casa.

Vas a respetar tu espacio, tu independencia y a tu familia.

La buena influencia de una madre en sus hijos varones ayudará a que no solo él, sino sus hijos y esposas sean felices, fortalecerá lazos y mantendrá generaciones unidas. Sé más inteligente y ve un paso por delante resguardando el amor.

El núcleo familiar es el sistema de educación más valioso. Si queremos producir niños capaces y saludables, hay que fortalecer a las familias y mejorar la interacción que ocurre dentro de ellas.

Mi momento de reflexión

1. ¿Qué temas de conversación voy a tener con mi hijo? ¿Cuándo y dónde lo haré? Necesito establecer un plan y voy a orar por esto.

   _____

   _____.

2. Mi aprendizaje de hoy es:

   _____

   _____.

3. Mi oración de hoy es:

   _____

   _____.

#RelacionesSaludables

Capítulo 40

CONVERSACIONES
CON MI HIJA

*«Hija: quisiera poder evitarte el dolor del aprendizaje,
pero sé que te privaría del placer de aprender. Quisiera evitarte el dolor de las primeras frustraciones amorosas,
pero te privaría de la madurez que brinda el sufrimiento.
Quisiera poder evitarte los obstáculos que sin duda surgirán,
pero te privaría del orgullo de superarlos y, así,
descubrir tu propio poder de mujer».*

Linda Waiss

*«De todos los momentos inquietantes de la maternidad,
pocos se comparan con escuchar tus propias palabras
salir de la boca de tu hija».*

Victoria Secunda

Desde pequeña, mi hija ha disfrutado mucho su creatividad. Le encantaba bañarse conmigo y siempre, aun hoy, ella busca el momento del abrazo y el beso antes de irse a dormir y cerrar sus ojitos. Le encantaba que le narrara cuentos, así que yo aprovechaba la oportunidad para contarle historias de mujeres de la Biblia. Claro, cada historia tenía siempre un tono especial.

Una de sus historias favoritas es la de una joven mujer que se presentó al certamen de belleza más famoso de la historia. Le contaba cómo esta joven mujer, que vivía con su tío, tuvo que ir a un palacio y estar meses usando muchos productos de belleza para que su piel estuviera hermosa. Le decía que esta joven no solo se preparaba para competir con otras y representar a su pueblo, sino que su propósito era mayor. Hoy mi hija tiene trece años y todavía me dice: «Mami, por favor, cuéntame otra vez la vida de Ester. Nadie cuenta esa historia como tú».

Además, le encanta que hable de ella cuando voy a ministrar a algún lugar. Si un día, mientras estoy ministrando, digo algo de su hermano y no de ella, ten por seguro de que me va a preguntar. Con mi hija experimenté un parto por cesárea, porque desde el vientre era inquieta y estaba enredada con el cordón umbilical. Siempre le digo que ella es una petición contestada para mí. Oré por más de cinco años porque anhelaba tener una hija. Y ella llegó. Tomó dominio desde el vientre y me dijo: «Aquí estoy. Por fin llegué». Dayna Eliz, mi petición contestada.

Sin duda alguna, así como ella ha sido un regalo para mí, yo quiero darle los mejores regalos a ella. Y no hablo de lo material, aunque me hace sentir bien poder suplir sus necesidades y deseos. Hablo de aquellos regalos que van a seguir vivos incluso cuando yo ya no lo esté. Pero para poder hacerlo necesito primero amarme yo y amar a los que me rodean, para poder moldear un ejemplo que ella a su vez pueda moldear en sus hijos. Soy consciente de que las mujeres tenemos algo especial que une los eslabones de la cadena generacional. Nosotras podemos unir o separar familias; por eso no me puedo permitir conflictos o divisiones que obstaculicen las bendiciones de mi hogar y el ejemplo que le doy.

Para mí es muy importante poder dedicarle tiempo, tener tardes de chicas, el *pijama day* y aprovechar todos los momentos que pueda para tener largas conversaciones que marquen su corazón y fortalezcan nuestra relación. Nosotras aprovechamos mucho mientras vamos en el auto: allí tenemos conversaciones profundas sobre muchos temas que quiero comunicarte. Son conversaciones que siempre tengo que repetir de forma distinta. Las repito no porque a ella se le olviden o no las entienda a la primera, sino porque me interesa que las memorice y las

tenga también con su hija algún día. Aunque la escucho ya te-
niéndolas con sus amigas. Estos son mis consejos, mis regalos
para ella:

1. *Hija, cuidar tu comportamiento no es una debilidad.* Es ser
   amable, amigable y considerada con los demás. Es tener suficiente respeto por ti misma y consideración por los demás
   para vestirte con modestia, decir palabras amables y mantener el autocontrol incluso cuando estás enojada. Recuerda
   que la primera impresión cuenta. Cuida tu aseo personal,
   cuida tu salud física, mental y emocional. No olvides que
   si tienes a Dios en tu corazón, Dios es suficiente. No vivas
   adicta a la aprobación de las personas, porque serás siempre
   objeto de crítica por lo que haces o por lo que no haces. La
   crítica es como la nariz, hija: todas tenemos una.

2. *Ser madre es una experiencia increíblemente hermosa.* Entonces, si descubres que algún día no te convertirás en madre,
   persigue tus otros sueños con todo tu corazón y busca su
   voluntad para el camino en el que Él te ha puesto. (Aunque
   me encantaría tener nietos). Recuerda que no necesitas *hacer*
   para *ser* hija de Dios. Tú eres porque Dios te hace completa
   en Él.

3. *Nunca debes salir con un hombre con el que ya sabes que no
   debes casarte.* Cada matrimonio comienza con una primera
   cita. Y, por favor, imagínate cómo será cuando yo tenga que
   relacionarme con él. Si sabes que él es una mala noticia, si
   sabes que eres incompatible, si sabes que él no es cristiano,
   no salgas con él. Una vez que te enamoras, es difícil ver claramente dónde se están cometiendo errores. Él no va a cambiar, hija; podrá modificar conductas, pero en esencia será
   la misma persona. Si ya estás observando algunas conductas
   que te preocupan y te molestan, no continúes con esa relación. Los amigos son una bendición en tu vida. Pero no todas
   las relaciones son eternas, algunas solo duran una temporada

en tu vida. Agradece el tiempo que la persona está en tu vida y celebra su partida.

4. *No mires a un hombre, ni a mí ni a ningún otro ser humano para darte una sensación de valía.* Ya vales más que todas las fortunas del mundo porque Dios te hizo y te ama. Si dependes de las personas para sentirte importante, te sentirás decepcionada. Pero Dios nunca defrauda. Tú eres tú. No eres como yo. Tendrás mejores oportunidades, hija, yo creo en ti. Recuerda: tu familia oramos por ti todos los días.

5. *La vida es demasiado corta para usar zapatos que lastimen tus pies.* «No es la apariencia, es la esencia. No es el dinero, es la educación. No es la ropa, es la clase» (Coco Chanel). No malgastes tu tiempo, tus relaciones y tu dinero, hija. Sé sabia y no pierdas el tiempo pensando en un pasado que no puedes cambiar y en un mañana que aún no ha llegado. Aprende a disfrutar el tiempo presente. No puedes controlar lo que otros piensan o hacen, pero sí puedes controlar y dominar tu vida.

6. *Habrá cosas de tu cuerpo que no te gustarán durante toda tu vida.* Trata de no obsesionarte con ellas. Solo recuerda que todos los demás están demasiado preocupados por sus propios cuerpos como para pensar mucho en el tuyo.

7. *Hija, tú decides ser feliz, es una decisión totalmente tuya.* En lugar de pensar «Seré feliz cuando obtenga esto o aquello», decídete a ser feliz donde estás, tanto como puedas. No importa el coche que conduzcas ni en qué tipo de casa vivas. No importa el grado académico, ni un hombre, ni el dinero: nada de eso te hará feliz. Solo Dios hace que seamos felices. No te desenfoques.

8. *Llorar no es la forma más eficaz de transmitir tu punto de vista, pero si necesitas llorar, llora; no hay nada de malo en ello.* Deja que las lágrimas fluyan y no te preocupes por lo que opine la gente. Todas las lloronas que he conocido se ganaron mi cariño de inmediato. (Vienes de una larga línea de lloronas y sabes que tu papá también es un llorón).

9. *Prueba cosas nuevas con la mayor frecuencia posible, incluso si tienes miedo* (y especialmente si puedes demostrarle a alguien que no lo tienes). Hoy vamos a comer un sabor de helado diferente, y la semana que viene intentaremos una comida distinta. Si no te gusta, está bien. Lo probaste, lo intentaste y no te gustó. Recuerda: si vas a algún lugar sin mí, nunca dejes tu bebida fuera de tu vista. Si lo haces, no la continúes tomando.

10. *Los hombres, hija, no son tu competencia.* Ellos no son mejores ni peores que tú; solo son diferentes a ti. Aprende a celebrar los logros de los demás. Tú eres tu propia competencia. Recuerda lo que siempre te digo: «Las niñas compiten y las mujeres celebramos». No envidies a nadie, florece en el lugar donde estés. Sé siempre tú misma.

11. *Dios te hizo quien eres con un propósito.* Usará tus dones únicos. Sé agradecida, ámalo y confía en que Él te hará una mujer con un corazón como el suyo.

Y aquí unos consejitos más, ahora para ti como madre:

- *Sé el mejor ejemplo de una mujer feliz*: Si tú como madre reniegas de tu cuerpo frente a la báscula, de tu período cada mes, del embarazo, de las labores domésticas y de todas aquellas «desventajas» de ser mujer, que no te extrañe tener una hija que odie ser mujer, que reniegue de su condición y que viva constantemente sufriendo y no disfrutando de su condición.

- *Ama a su padre*: Ya sea que estés casada, soltera, viuda o inclusive si su padre desapareció, darle una imagen sana del primer hombre que debió amarla es muy importante. Ella debe ver en ti el amor al padre y cómo es la relación de una mujer con un hombre, porque en su vida adulta lo emulará. Si tiene papá, permite y ayuda a que ella y su padre se amen y tengan una relación especial padre e hija.

- *Ayúdala a entender, respetar y amar a los varones desde la igualdad*: Nadie mejor que tú para enseñarle la sana relación que debe haber entre hombres y mujeres. No siembres prejuicios, temores u odios hacia los hombres por muy mal que a ti te haya ido con ellos. Dale la oportunidad de que ella forme relaciones sanas y felices con los futuros hombres que encontrará en su vida.

- *Dale la confianza de saber que el día que se equivoque te tendrá a su lado*: El gran problema de las mujeres es lo poco que nosotras mismas nos valoramos y lo poco que somos solidarias con otras mujeres. Trabaja en su autoestima, en su seguridad, en su inteligencia; y sí, también en su cuidado físico y presentación personal.

- *Dale fortaleza física*: Ser femenina y delicada no es necesariamente algo que esté reñido con la fortaleza física y la salud. Tu hija debe aprender lo maravilloso que será para ella hacer ejercicio o practicar un deporte, comer sanamente y saber defenderse. Una mujer que se sabe fuerte en lo físico tendrá más posibilidades de ser fuerte en su mente y en su espíritu. La disciplina del deporte fortalece no solo su cuerpo, sino que la convierte en una mujer fuerte y entrenada en el esfuerzo de lograr lo que busca y dominar su cuerpo.

- *Ayúdala a conocer a Dios*: Durante su vida, tu hija enfrentará muchas situaciones adversas y, desafortunadamente, en muchas de ellas no estarás a su lado. Pero la seguridad de creer en Dios la ayudará a salir adelante, y jamás se sentirá sola. Dale el don de la esperanza, la fe y la seguridad de ser una hija amada de Dios. ¡La palabra convence, pero el ejemplo arrastra![24]

Conclusión

DESDE EL CORAZÓN DE UNA MADRE

Desde mi corazón como madre quiero recordarte algo una vez más: tú eres una preservadora de propósito. Tu hijo no llegó a tu vida por mera casualidad, sin importar las circunstancias o situaciones en las que llegó. Tu hijo nació para ser de bendición a tu vida, y para que tú seas de bendición a la suya. Tú preservas un propósito escogido y seleccionado por Dios con un fin de eternidad.

«Nos ha dado poder, amor y dominio propio» (2 Timoteo 1:7).

Antes de despedirnos, quiero mostrarte a algunas mujeres de la Biblia, porque en cada una de ellas veo a mujeres como tú, y sé que recordarlas te ayudará a afirmar tu fe.

ESTER

«El miedo quiso callar el lamento de Mardoqueo. Pero fue movida por el amor» (Ester 4:1).

Ese es el único poder que puede movernos. Si abrimos nuestros corazones, Dios nos hará sentir el amor y nos impulsará a la acción. La misma pasión de leona que tenemos para defender a nuestra familia, debemos utilizarla para aprender a luchar contra los problemas. Esto lo obtienes a medida que aprendes a mantener la calma, a no actuar impulsivamente y a no darles cabida a los pensamientos negativos.

Ester tuvo que someterse a dos tratamientos de mirra y especies por seis meses para entrar en el harem del rey. Para salvar a su pueblo de la intriga y de la muerte, tuvo que aceptar un reto para el que requirió sabiduría, estrategia y paciencia para esperar el momento oportuno para hacer las cosas. Utilizó la oración (ver Ester 5:6-8), pero también movilizó sus encantos femeninos para entrar a la recámara del rey y ser recibida por él.

Es frecuente que cuando tenemos hijos, sobre todo cuando acaban de nacer, nuestra ansiedad es tan grande y tenemos tan poco tiempo que empezamos a descuidar nuestra persona. Ya no nos damos tratamientos de aromas, no nos peinamos el cabello y olvidamos que debemos proteger nuestro reino. Preferimos ensordecer pensando en la raíz del problema del distanciamiento matrimonial en lugar de resolverlo. Muchas mujeres tienen dificultad con la solución de problemas porque pierden el amor, la esperanza y la fe. Se distraen porque están agotadas y es más fácil engavetarlos. Las personas que tienen problemas sin resolver están frustradas y tienden a asumir sin corroborar, y esto trae como consecuencia que nos sentimos rechazadas e ignoradas.

Aprende a disfrutar cada experiencia y enseñanza que recibas con el paso del tiempo. La salida del sol trae consigo un nuevo día y, con él, nuevas vivencias que nos darán experiencia y perspectiva. Estoy segurísima de que hoy no piensas igual que ayer, que hoy te das cuenta de que sobreviviste al día de ayer. Dios tiene cuidado de su creación. Cuida tu apariencia y tu ánimo, y fortalece el poder femenino que Dios te dio.

NOEMÍ Y RUT

«Respondió Rut: No me ruegues que te deje, y me aparte de ti; porque a dondequiera que tu fueres, iré yo, y dondequiera

que vivieres, viviré. Tu pueblo será mi pueblo, y tu Dios mi Dios» (Rut 1:16).

Este fue un tiempo de cambio en la vida de Noemí. No importa cuántos años tengas, nunca lo has visto todo. Nadie se gradúa de la escuela de la vida a no ser que muera. Nadie sabe cómo Dios va a terminar de escribir el libro de su existencia. Él puede tener una extraña manera de restaurar el propósito de una persona. Para Noemí fue por medio de una relación que ella trató de evitar. Es peligroso intentar deshacerse de la gente; es posible que la persona a quien estás tratando de sacarte de encima tenga la llave para restaurar el propósito y completar tu vida.

Rut era la nuera de Noemí. Pero Noemí creyó que el único vínculo que la unía a ella era su hijo, quien ahora estaba muerto. Ella, como nos ocurre a nosotras, no podía distinguir los lazos divinos que se habían creado entre ella y Rut. Dios tiene sus caminos y su plan, y nos tiende lazos que nos promueven, con estrategias que no reconocemos y, en ocasiones, rechazamos.

Muchas veces, quienes le damos mucha importancia a la familia no comprendemos la amistad. Cuando las circunstancias familiares cambian, caemos en el aislamiento porque no sabemos nada de otro tipo de relaciones. Hay lazos que son más fuertes que la sangre (ver Proverbios 18:24). ¡Hay lazos divinos!

LAS CINCO HIJAS DE ZELOFEHAD

Las hijas de Zelofehad son mencionadas cinco veces en distintos pasajes de la Biblia (Números 26:33; 27:1; 36:11; Josué 17:3 y 1 Crónicas 7:15). Ellas son: Maala, Noa, Hogla, Milca y Tirsa.

Las hijas de Zelofehad crecieron en una época en la cual las mujeres no eran tratadas con justicia. Eran muchachas jóvenes en el tiempo en que los israelitas deambulaban por el desierto del Sinaí. La Biblia no nos da el trasfondo de esta historia. No sabemos de qué trataban las conversaciones que tenían lugar en la casa de Zelofehad a puertas cerradas. No sabemos cómo se formaron estas muchachas. No sabemos por qué llegaron a ser tan valientes en una cultura en la cual las mujeres no tenían derechos. No sabemos cuánto tiempo ensayaron lo que iban a decir ni cuál de las muchachas habló. Lo que sí sabemos es que la mayoría de las mujeres de la época pasaban la mayor parte del día cargando agua, lavando ropa, cuidando los animales y cocinando.

En el Antiguo Testamento aparece un grupo de cinco hermanas que prueban que Dios está interesado en lo que les sucede a las mujeres. Su padre, que era rico, murió sin ningún hijo varón. En aquel entonces a las mujeres no se le permitía tener propiedades o recibir herencia, excepto por sus maridos. Solamente los hombres podían poseer propiedades. Ellas le presentaron su caso a Dios por medio de Moisés. Apelaron a él en busca de ayuda, basándose en quién había sido su padre. Le declararon su caso viéndolo como la autoridad representativa de Dios.

Estas mujeres no podían entender el motivo por el cual no podían tener la fortuna de su padre por el hecho de haber nacido mujeres. De no haber sido por su insistencia, sus tíos hubiesen recibido toda la fortuna de su padre y ellas hubiesen quedado pobres y desamparadas, recibiendo solamente lo que los demás les diesen. Pero estas mujeres sabían quién era su padre y quiénes eran ellas. Nadie las hubiese escuchado si no hubiesen hecho una reunión para presentar su caso. Tal vez tú tienes dificultades y debes convocar una reunión.

¿Sabes por qué estas mujeres ganaron el caso? Ya era hora de enseñarle al pueblo de Dios que las mujeres tenían valor. Ellas no esperaron que otra persona las defendiera, sino que tomaron la acción en base a su fe. Cuando Moisés escuchó el caso no supo qué hacer, así que fue y le consultó a Dios. ¡Reclama las promesas que tu Padre te dio! Pero, ojo, porque nuestra actitud afecta nuestra manera de vivir. Una buena actitud puede hacernos triunfar. Pero una mala actitud puede destruirnos.

AGAR

Cuando pienso en cuánto me conmueven las madres solteras, sobre todo las que acuden a mí para consuelo y consejería, pienso en Agar. Esta mujer tal vez se entregó a un hombre sin amor, solo porque le mandaron hacerlo; no tuvo opción.

De esa relación nació un niño, pero al cabo del tiempo ni ella ni su muchacho eran ya bienvenidos en aquel lugar, así que fueron expulsados. Con un poco de pan y un poco de agua, salió sin rumbo hacia el desierto. Desesperada, tomó una decisión que destruiría a cualquier madre: dejar morir a su hijo. Cuenta la historia que ella se puso a llorar, y que el llanto de Agar y el de su hijo fueron escuchados de tal manera que Dios mismo le preguntó: «¿Qué tienes, Agar?». Ahora te pregunto a ti: ¿alguna vez te has sentido marginada, rechazada, sin opciones, sin esperanza, sin fuerzas? ¿Estás llorando porque no sabes qué hacer, y eres madre de uno, dos o tres hijos? Este momento difícil en tu vida tiene un fin.

Dios es un restaurador. Eso quiere decir que mientras estás en tus propios pensamientos, volviendo a recorrer viejas escenas de tu vida, Él te explicará algunas cosas y otras las sanará. La restauración no significa que toda la gente que te dejó va a volver. ¿Cuántas veces has mirado hacia atrás y has dicho «Si yo hubiese hecho...»? No pongas hora al reloj de Dios, pues su tiempo no es como el nuestro.

Amada mujer, no sé qué aflicciones tienes en este momento, pero te dedico estas últimas palabras para ayudarte:

- Lo mejor que podemos hacer por nosotras es ser nosotras mismas. Ser otra persona en lugar de ser tú misma, en lugar de ser aquello para lo que fuiste creada, es perderse lo mejor que Dios tiene para ti.
- Tal vez tu esposo no puede proveerte un castillo ahora mismo. Pero estoy segura de que si tú puedes tomar lo que él te puede dar, esa casa tú la convertirás en tu hogar.

- Necesitas encontrar tu identidad y saber quién eres en Cristo Jesús.
- Trátate con respeto.
- Deja el pasado en el pasado. Cierra capítulos.
- Cuando la mujer embarazada tiene el dolor más fuerte durante el parto, no tiene más remedio que empujar, así que ¡empuja! Cuando una está centrada en empujar y no en el dolor, no hay tiempo para llorar ni rendirte, hasta que nace el bebé. Debe cumplirse la promesa de Dios, así que empuja. Cuando pase el dolor, nuevamente tendrás deseos de ver a tu bebé. ¡A sonreír y olvidar el dolor! (ver Juan 6:21).
- Háblale de vida a tu cuerpo y festeja lo que eres: la imagen de Dios.

Tú tienes el poder de Dios para ser la madre perfecta para tus hijos. Hasta la próxima, desde el corazón de una madre amiga.

Notas

1. John C. Maxwell, *Las 21 claves indispensables de un líder*, Editores Caribe-Betania, un sello de Editorial Caribe, una división de Tomas Nelson Publishers, Nashville, TN, 2000, p. 136.
2. James Dobson, *Cómo criar a los varones*, Editorial Unilit, Miami FL, 2002.
3. W. E. Vine, *Vine: Diccionario Expositivo de palabras del Antiguo y del Nuevo Testamento Exhaustivo*, Editorial Caribe, una división de Tomas Nelson Publishers, Nashville, TN, 1999, p. 546.
4. Juan de la Rosa, «La renovación de nuestra mente», *Fountain of Salvation*, 19 de marzo de 2015, http://www.fountainofsalvation.org/blog2/2015/3/19/la-renovacion-de-nuestra-mente, consultado el 14 de febrero de 2022.
5. Red Rema, «Mayordomía integral del Reino», consultado el 14 de febrero de 2022, de https://es.scribd.com/document/387408072/mayordom.?????
6. Jiménez, M. (2019), «Ser o no ser amigos de nuestros hijos: qué es lo mejor para ellos», Bebés y más, https://www.bebesymas.com/ser-padres/ser-no-ser-amigos-nuestros-hijos-que-mejor-para-ellos.
7. Tarrés, S. (2018), «El papel de la madrastra en la familia», Guía Infantil, https://www.guiainfantil.com/articulos/familia/el-papel-de-la-madrastra-en-la-familia/.
8. Mamadrastra (2018), «El rol de la madrastra: 4 grandes ventajas», http://mamadrastra.com/rol-madrastra-ventajas.
9. Roldán, M. (s. f.), «8 formas simples de ser un buen ejemplo para tus hijos», Madres Hoy, https://madreshoy.com/8-formas-simples-buen-ejemplo-tus-hijos/.
10. Aprendemos juntos (2018), «Prepara a tu hijo para la vida, no la vida para tu hijo», Especial Tim Elmore, *El País*, https://aprendemosjuntos.elpais.com/especial/prepara-a-tu-hijo-para-la-vida-no-la-vida-para-tu-hijo-tim-elmore/.
11. López, M. (s. f.), «Cómo criar niños felices/Ser firme, pero no dominante», *El Tiempo*, https://www.eltiempo.com/abc-del-bebe/nino/1-a-2-anos/como-criar-a-ninos-felices-ser-firme-pero-no-dominante-11309.
12. Scarezzo, P. (2015), *Espiritualidad emocionalmente sana*, Editorial Vida.
13. Calçada, A. (s. f.), «Aprende a gestionar las situaciones inesperadas sin paralizarte», Psicoemocionat, https://www.psicoemocionat.

com/aprende-a-gestionar-las-situaciones-inesperadas-sin-parali-zarte/.

14. «9 actividades para estimular la creatividad en los niños», Interdomicilio, https://www.interdomicilio.com/desarrollo-creatividad-ninos/.

15. Cluver, L. (s. f.), «Cómo disciplinar a tu hijo de manera inteligente y saludable: Disciplina positiva para una mejor salud mental y física y una infancia feliz», Unicef, https://www.unicef.org/es/historias/como-disciplinar-tu-hijo-de-manera-inteligente-y-saludable.

16. Santiago, B. (2021), «Mensajes y pensamientos. Mujeres conforme al corazón de Dios», Radio Manantial de Adoración, https://radiomanantialdeadoracion.com/mujeres-conforme-al-corazon-de-dios/.

17. «El descanso emocional: tan importante como el físico», La mente es maravillosa, https://lamenteesmaravillosa.com/descanso-emocional/.

18. Domínguez, J. (s. f.), «Vacaciones emocionales», Jorge Domínguez, https://www.jorgedominguez.net/descanso-emocional/.

19. Petro, M. (2021), «Soy una madre trabajadora que se tomó un fin de semana sola para recargar energías. Así es como mi esposo y yo lo hicimos todo un éxito», *Business Insider*, https://businessinsider.mx/soy-una-madre-trabajadora-que-se-tomo-una-ausencia-estrategica/.

20. Aprendemos juntos (2018), «Prepara a tu hijo para la vida, no la vida para tu hijo», Especial Tim Elmore, *El País*, https://aprendemosjuntos.elpais.com/especial/prepara-a-tu-hijo-para-la-vida-no-la-vida-para-tu-hijo-tim-elmore/.

21. Ortega, L. (s. f.), «Siete razones por las que no debemos hablar mal de la ex pareja con nuestros hijos», Bebés y más, https://www.bebesymas.com/nuestras-experiencias/siete-razones-que-no-debemos-hablar-mal-ex-pareja-nuestros-hijos.

22. «La historia del nacimiento de Moisés», Sígueme.net. Recuperado el 14 de febrero de 2022 en https://www.sigueme.net/historias-de-la-biblia/la-historia-del-nacimiento-de-moises.

23. González, G. (2019), «Los hijos varones y la figura materna», Grace González, https://gracegonzalez.com.mx/los-hijos-varones-y-la-figura-materna/.

24. Acevedo, G. (2020), «Cómo lograr que tu hija tenga alta autoestima y dignidad», Soy Carmín, https://www.soycarmin.com/buenavida/Como-lograr-que-tu-hija-tenga-alta-autoestima-y-dignidad-20201008-0012.html.

Acerca de la Autora

Esposa, madre, hija, hermana y amiga. Asesora educativa, educadora, conferenciante, *coach* prematrimonial y matrimonial. Autora de la Serie Mujer/Amiga: *Desde el corazón de una amiga* y *Desde el corazón de una madre*. Durante los pasados veinte años ha trabajado con mujeres, jóvenes y matrimonios en asesoría educativa y ofreciendo servicios de *coaching*, habiendo ejercido la profesión de trabajadora social, directora escolar y ministerio pastoral. Posee una licenciatura en Trabajo Social por la Universidad de Puerto Rico y una certificación de *Life Coach* y *Coach* Matrimonial por la Universidad Interamericana de Puerto Rico. Cursa su maestría en la Universidad de Neuroteología de Puerto Rico.

Su mayor pasión es su familia y su deseo de servir.

Información de contacto
Correo electrónico: daynanatanael@yahoo.com
Facebook e Instagram: Dayna Monteagudo